青少年
综合素质培养课

青少年

能力
培养课

阅读

杜兴东 编著

全球经典的品质培养成长书系之一

你的人生第一课

北京出版集团
北京出版社

图书在版编目(CIP)数据

青少年能力培养课. 阅读 / 杜兴东编著. — 北京：
北京出版社，2014.1
（青少年综合素质培养课）
ISBN 978 - 7 - 200 - 10275 - 8

Ⅰ. ①青… Ⅱ. ①杜… Ⅲ. ①青少年—能力培养
Ⅳ. ①G421

中国版本图书馆 CIP 数据核字(2013)第 282116 号

青少年综合素质培养课
青少年能力培养课 阅读
QING-SHAONIAN NENGLI PEIYANGKE YUEDU
杜兴东 编著
*
北 京 出 版 集 团
北 京 出 版 社 出版
（北京北三环中路6号）
邮政编码：100120

网 址：www.bph.com.cn
北 京 出 版 集 团 总 发 行
新 华 书 店 经 销
三河市同力彩印有限公司印刷
*
787 毫米 ×1092 毫米 16 开本 12 印张 170 千字
2014 年 1 月第 1 版 2023 年 2 月第 4 次印刷
ISBN 978 - 7 - 200 - 10275 - 8
定价：32.00 元
如有印装质量问题，由本社负责调换
质量监督电话：010 - 58572393
责任编辑电话：010 - 58572775

前　言

　　阅读能够影响一个人的人生，甚至彻底改变一个人的命运。阅读能够激发和鞭策我们不断地前进，从而获得幸福的生活。阅读能够指明和照亮我们前进的方向，使我们从此走上一条成功事业的道路。阅读是最简单、最好的改变人生的一种方法，没有其他东西比阅读更有力量了。那些名扬全球的科学家、艺术家，无不是通过阅读获得了成功的事业。

　　著名导演张艺谋曾在农村插队劳动，后在陕西咸阳国棉八厂当工人。1978 年入北京电影学院摄影系学习。1982 年同陈凯歌等一起成为中国的"第五代导演人"。1984 年担任《一个和八个》《黄土地》的摄影。1987 年出任导演，其导演的《红高粱》《大红灯笼高高挂》等影片让中国的电影走向了世界。这位被《时代周刊》评为"当代世界最伟大的 20 位大导演之一"的中国人，一直都是中国电影的一面旗帜。

　　张艺谋是天才吗？这个 20 多岁才摸相机的人，是如何成为著名的电影导演的？让我们来看看他自己是怎么说的：

　　"21 岁时，因为有一些文体特长才被破例从农村招进陕西国棉八厂，因为我的出身不好，能进厂已经很不容易了。我在厂里当辅助工，主要从事清扫、搬运等工作，还要经常

'掏地洞'，清理堆积的棉花杂质，出来后，3层口罩里面的脸仍是黑的，工作很脏很累，却没什么技术。

"业余时我喜欢看书，逮着什么看什么，喜欢中国古典小说，那时候能找到的书也少，《三国演义》《水浒传》《西游记》《隋唐演义》都一遍遍地看，至今对里面的人物也特别熟悉，它们对我的影响是潜移默化的。1998年导演歌剧《图兰朵》时，想到古典艺术、民族特色，心里涌起的很多是这些小说给我的感觉。

"我学摄影是在1974年，因为工作之外的无聊，又不愿虚度青春，就想学点什么，后来觉得摄影不错，就买了照相机，又从图书室借了不少摄影方面的书，吴印成的、薛子江的，人像摄影、灯光摄影等，凡是有关摄影方面的，都找来看，一些借来的书因为要还，就整本整本地抄，记得当时一本两寸来厚的《暗室技巧》，我抄掉了大半本。

"那时候对知识的理解没有现在这么明确，不愿混日子，觉得学摄影是个事儿，一个人在浑浑噩噩的氛围中把这当成了一种寄托。那时候我最大的想法，就是能到厂工会或宣传科当个'以工代干'的宣传干事。

"如果不恢复高考，我可能真的会成为厂里写写画画的宣传干事，那时候年轻人想出路和现在不一样，除了入党、提干走政治这条路外，几乎没有别的选择。我因为家庭出身的原因，上面这条路想都没有想过，我是车间里唯一没有写入团入党申请书的，那时棉纺厂停电时就组织党团员和积极分子学习，每到此时，几百人的车间里退场的只有我一个。

"1977年，高考在我还没来得及想时就溜过去了，等一揭榜，厂里一下子就考走了好几个，我不可能不受到触动，1978年再不考我就超龄了，直觉告诉我必须抓住这次改变命运的机会。我当时只有初中二年级的水平，学的那点东西又在'文革'中早忘光了，复习得再辛苦也没把握，于是往偏处想，报体育学院？自己个子矮，喜欢运动却又都是野路子，不行；美术学院？绘画基础不足。正在琢磨时，别人向我推荐了北京电影学院摄影系，说：'课都与摄影有关，你的片子拍得好，一定行。'就这样，经过一番努力，我如愿以偿拿到了北京电影学院的录取通知书，那一刻，我知道自己的命运将随着新的知识、新的朋友和新的体制环境而改变。

"在电影学院，我跟其他同学最不同的有两点，一是年龄大，我差不多是我们这一级里最大的，系里别的同学一般都比我小十来岁；二是因为我的入学不是特别正规，因而总有一种沉沉的'编外感'。这两点不同，使我感到压力。

"按照当时的行业氛围，我们从摄影系毕业后分到电影厂，还要做若干年的摄影助理，然后才能做掌机摄影师。我想想自己毕业就32岁，再干几年助理，三十七八快40了才能独立摄影，就觉得不行，于是给自己设计了两条路，一是走出电影圈做摄影记者，尽快独立工作；二是转行干导演。

"我是一个比较务实的人，很少幻想什么，当时我已经着手联系陕西画报社；同时，我从大三开始便偷偷看一些导演方面的书。导演班的人年龄和我差不多，陈凯歌、田壮壮等甚至可能有人比我还大，这也是我想转入导演系的重要原因，大家同时起步，感觉可能会好一些。

"记得当时我是请导演系的才子林大庆帮着开的书目，一共20多本，之后是很长一段时间的苦读，这期间还试着写了个剧本，请导演系的白虹评点，正是有这一段时间的积累，才使我以后能很自然地由摄影向导演过渡，而无论是考电影学院还是转导演，开始的动机都是为了寻找出路，谈不上对电影或导演的热爱，而一旦选择了，我就想把它干好。

"我应该算是命运起伏比较大的人，20年前的我和现在差别很大。平常我们老说人是有命运的，而在我看来命运是受机会和能力左右的。对于一个个体的人而言，机会是被动的，要受大、小环境和个人的位置制约，比较难预测、把握；而能力则不然，在获取能力方面，人具有相当的主动性，我想正是因为自己通过学习获得了进一步把握机会的能力（摄影），才使自己从一个看起来不是很有出路的工人走到今天的。因而，对我来说，知识、学习非常重要，从某种意义上讲，我甚至认为它们是能力的唯一来源。

"1978年考上电影学院，是我一生最大的命运改变。如果没有考上电影学院，如果没有获得这么宝贵的学习机会，如果没有良好的阅读，那么，我也许还是厂子里的一个工人。可以说，正是阅读才使得我成功，阅读是我成功的基石。"

的确，书籍，是历史的长老，智慧的使者；它传播了知识，积淀了文化，启悟了智慧，也容纳了峥嵘岁月、沧海桑田的变迁与无限的情绪。书籍，让悠远的历史连成缆索，让庞大的人种融汇、凝聚，让文明的火种在广阔的土地上延续、源远流长……

阅读，是一条漫长的路。有人呕心沥血，却终无所获，有人讲求方法，终成大器；有人埋头苦读，却只是死啃的书虫，有人如鱼得水，深得读书三昧；有人受其所累苦不堪言，有人善于驾驭乐在其中；有人满面尘土步履蹒跚，有人却意气风发走得洒脱。

西谚说：愚笨的人，熬过痛苦，忘却经验；平庸之人，以自己的痛苦换取经验；聪明的人，借他人经验以自用。

为了让青少年朋友更好地学会阅读，从中汲取成长的有益营养，本书总结了几十位伟人、名人的阅读心得、阅读方法、阅读经验、治学精神、读书心法等，相信对青少年修正阅读方法大有帮助。

关于阅读的益处，无数名人饱含深情地歌颂过。其中，梭罗的理解令人印象深刻。他对阅读的一番论述如美文般优美动人：

"学生们能够读希腊原文的荷马或埃斯库罗斯，希腊悲剧之形式的创造者与伟大的悲剧作家，今尚流传有《俄瑞斯忒斯》《被缚的普罗米修斯》等剧本，而没有放荡或奢侈的危险，因为那暗示着，他们还在相当程度之内崇拜他们的英雄，神化着黎明的时间来翻动纸页。但这些英雄的诗篇，即使是用我们自己的口语印刷成书的，在我们这种败坏的时代，也变成死文字了。所以我们必须辛辛苦苦，找出每一行、每一个字的意义来，尽我们所有的智力、勇武与气量来构思它们的意义，要比通常应用时有更深远的意义。近代那些廉价而多产的印刷所，出版了那么多的翻译本，却并没有使得我们更接近那些古代的英雄作家。他们依然寂寞，他们的字母依然被印得稀罕而怪异。花费一些少年的岁月，那些值得珍惜的光阴，来学会一种古代文字，即使只学会了几个字，也是值得的，因为它们是自街头巷尾的琐碎之中提炼出来的语言，是永久的暗示，永久的激发。

"阅读得好，就是说，在真精神中读真正的书，才是一个崇高的练习，这种练习所花费的力气，胜于一般意义的练习。它必须经过一个训练，像竞技家必须经过的一样，而且几乎是需要终生不变初衷地努力的。书本是谨慎地、含蓄地写着的，也应该谨慎地、含蓄地阅读。书本所写着的那一国的文字，即使你能说，那还是不够的，因为口语与文字不同，一种是说的文字；另一种是阅读的文字。一种是变化多端的，声音或舌音，只是一种土话，可以说是很野蛮的，我们可以像野蛮人一样从母亲那里不知不觉学会的。另一种却是前一种的成熟与经验。如果前一种是母亲的舌音，这一种便是我们的父亲的语文，是一些洗练过、有含蓄的表情，它的意义不是耳朵所能听的，我们必须重新诞生一次才能学会。

"难怪亚历山大行军时，要在一只宝匣中带一部《伊利亚特》了，因为文字是圣物中之最珍贵者。立刻，它比别的艺术作品跟我们更亲密，且更具有世界性。这是最接近于生活的艺术。它可以翻译成每一种文字，不但给人读，而且还呼吸在人类的唇上；不是表现在油画布上，或仅在大理石上，而是雕塑在生活的呼吸之中的。一个古代人的思想的象征，成为近代人的口头禅。在纪念碑似的希腊文学上，正如在希腊的大理石上，2000个夏天已经在上面留下了更成熟的、金黄的秋色，因为它们带着它们自己的庄严的天体似的氛围，到世界各地，保护它们，免受时间的剥蚀。书本是世界的珍宝，时代与国家的最适当的遗物。最古老最好的书，很自然也很合适地放在每一个茅屋的书架上。它们没有什么私事要诉说，可是，当它们启发并支持读者的时候，他的常识是不会拒绝它们的。它们的作者，在每一个社会中都自然而然地成为贵族，而他们对于人类的影响大过于国王或皇帝。当那目不识丁的，也许还是受人鄙弃的商人，由于进取之心与勤劳刻苦，挣来了闲暇以及独立，侧身于财富与时尚的世界里时，最后他不能不转向那些更高级、更不可攀的智力与天才的世界，发觉他不学无术，发觉他的一切财富都是虚荣，都不足以自满，更进一步地证明了他是头脑清楚的，他煞费心机，要给他的孩子们这种智慧的文化，正是他自己如此敏锐地求而不得的。这样，他成为一个家族的始祖。"

梭罗认为，阅读是一种崇高的精神生活，最有效和最有价值的阅读应该于"真精神中读真正的书"。梭罗提议人们应去读那些充满生活艺术的书籍，因为这会在现实中带给我们一些有用的帮助。另外，梭罗奉劝读书人去看那些古代流传下来的经典作品，因为这些巨著当中包含着先人最崇高的智慧，在经过岁月的淘洗之后，这些智慧更加焕发光彩，阅读之后自然会得到很好的熏陶。相反，如果大量地阅读一些浅薄而没有经过时间沉淀的"时代书"，其结果是"一切的目力衰退，一切的生机停滞，普遍颓唐，智力的官能完全脱皮壳一样地脱掉了"。还有，梭罗建议人们多阅读原著，及培养一种崇高的心智，等等。

　　总之，无数的伟人和名人倾谈阅读心得的字里行间，流淌着的是对人类阅读心典的沉甸甸的关怀……

目　录

"四个结合"读书法——孔子谈阅读

近代著名学者胡朴安说："千古读书方法之善，当首推孔子。"孔子作为古代大思想家、教育家，其读书方法科学适用，自成体系，特别是"四个结合"阅读法，更为人们所推崇。下面就把这种阅读法介绍给大家。

1. 学与习结合

孔子以其读书治学的切身感受，提出"学而时习之"的学习方法，即要经常温习学过的知识，以增强记忆、加深理解。科学实验表明，学习、理解、掌握知识并不是一蹴而就的，人的学习过程是一个不断巩固所学知识、防止遗忘进而循序渐进的过程。读书不仅先要学，而且还要反复温习，不断复习强化，这样才能利于后边的学习。因为旧知与新知是有着内在联系的，学习就是要把旧知与新知联系起来，并很好地理解、巩固进而掌握乃至运用。正如孔子所说："温故而知新，可以为师矣。"

2. 学与问结合，凡学必有问

清代大学者刘开说得好："君子之学必好问。学与问，相辅而行者也，非学无以致疑，非问无以广识。"学习没有止境，要想真正学到知识，除了刻苦之外，还应该有孔子提倡的"切问""每事问"的精神。人非生而知之，学习书本一定会发现问题，产生疑问；社会的大课堂中更是疑惑迭出，不解重重。这就需要我们认认真真地向工具书、老师、同学及其他有专长的人请教，寻根究底，通过"问"搬掉块块"绊脚石"。"敏而好学，不耻下问"，可见孔子在治学中是非常重视"问"的。

3. 学与思结合

孔子说："学而不思则罔，思而不学则殆。"这句话道出了"学习"

与"思考"的辩证关系：只学习，不思考，是学不到知识的；只思考不学习，就会陷入空想的境地，最终一无所获。"学"离不开"思"，"思"有利于"学"，只有将两者紧密结合，才能在良好的阅读心理上，根据学习者已有的知识基础、经验阅历，经过"去粗取精，去伪存真，由此及彼，由表及里"的比较分析、归纳综合、抽象概括等思维活动，从而获得真知灼见。可见，"学"与"思"是鸟之双翼，车之两轮，缺一不可。

4. 学与行结合

孔子说："行有余力，则以学文。"意思是说，在履行"孝、悌、信、仁"等道德行为的同时，要学习文化典籍。可见，孔子十分重视学与行的结合。他认为"学"是为了"行"，而且"行"是首要的。孔子还曾强调指出"讷于言而敏于行"。就字面意思来看，是说话要谨慎，行动要果敢，实际上是在强调学与行的结合，即儒学的另一位代表人物子思所说的"笃行之"，也就是要踏踏实实地把学到的知识运用到实践中，在接受实践检验的同时，使理论知识得到丰富和发展。

另外，除了"四个结合"法，孔子还认为学习一定要谦虚。由于孔子的学问非常渊博，对于《诗》《书》《礼》《乐》《易》《春秋》等古代的文献和历史都非常精通，有人以为他是天生的。对此他给出了这样的回答："我非生而知之者，好古敏以求之者也。"意思是说，我不是天生就知道这些东西的，而是喜好古文献，并以敏锐和全神贯注的精神而追求到的。

不仅如此，孔子还提倡一个人在学习中要多问多听，不懂不要装懂。不论什么人，只要他在某一方面有专长，就应该虚心向他求教。他曾说："三人行，必有我师焉。择其善者而从之，其不善者而改之。"意思是说，如果有三个人同行，其中必有一个人在某一方面胜过自己，自己应该选择其好的方面而学习，对其不好的方面则加以改正。

人物小传

孔子（前551—前479），名丘，字仲尼，鲁国陬邑（今山东曲阜东南）人，春秋末期思想家、政治家、教育家，儒学学派的创始人。其思想核心是"仁"，"仁"即"爱人"。孔子一生培养弟子3000余人，精通六艺（礼、乐、射、御、书、数）者72人。在教学实践中总结出一整套教育理论，如因材施教、学思并重、举一反三、启发诱导等教学原则和学而不厌、诲人不倦的教学精神，及"知之为知之，不知为不知"和"不耻下问"的学习态度，为后人所称道。他先后删《诗》《书》，订《礼》《乐》，修《春秋》，对中国古代文献进行了全面整理。老而喜《易》，曾达到韦编三绝的程度。孔子一生的主要言行，经其弟子和再传弟子整理编成《论语》一书，成为后世儒家学派的经典。

贵在自得，求之有恒——孟子

战国是诸子并起、百家争鸣的时代，当时与儒家对立的以墨家和杨朱学派势力最大。墨子创"兼爱"学说，杨朱创"为我"学说。面对三分鼎足之势，孟子说："杨氏为我，是无君也；墨氏兼爱，是无父也。无父无君，是禽兽也。"他认为要正人心，必须辟杨墨。

孟子主张博览群书，重视在读书过程中发挥人的主观能动作用。他说："大匠诲人必以规矩，学者亦必以规矩。"读书治学"求之有道，得之有命"，应根据规律来确定正确的阅读方法。他对阅读方法有一系列论述，其要点是：

1. 循序渐进

孟子认为读书治学应循序渐进，不能只凭主观愿望而不顾客观实际。他曾举宋人"揠苗助长"为例，说明这种好高骛远的学习方法"非徒无益，而又害之"。他又以水喻学："源泉混混，不舍昼夜，盈科而后进，放乎四海。"就是说，有源的泉水日夜不停地流出来，等到水坎盈满以后再向前进，终将到达四海，说明逐渐积累知识、循序渐进的重要性。

2. 贵在自得

孟子认为读书学习贵在自得，必须经过自己的刻苦钻研才能达到融会贯通、运用自如的境界。他说："君子深造之以道，欲其自得之也。自得之则居之安，居之安则资之深，资之深则取之左右逢其源。故君子欲其自得之也。"（《孟子·离娄下》）意思是说，君子依循正确的方法来得到高深的造诣，就要求他自觉地有所得。这样就能牢固地掌握，就能积蓄很深，就能取之不尽而左右逢源。

3. 意志锻炼

孟子很重视人的意志性格的锻炼，认为一个人"生于忧患而死于安乐"，要饱经磨难，"我善养吾浩然之气"，培养成"富贵不能淫，贫贱不能移，威武不能屈"的"大丈夫"。他认为一个人能够做大事，负重任，都是从困苦中磨炼出来的，所以他说："故天将降大任于斯人也，必先苦其心志，劳其筋骨，饿其体肤，空乏其身，行拂乱其所为，所以动心忍性，曾益其所不能。"

4. 重思存疑

孟子认为，唯有依靠"心之官"的思维才能认识客观事物，有闻见而不思，等于无闻见。他说："耳目之官不思，而蔽于物，物交物，则引之而已矣。心之官则思，不思则不得也。"要求不能只把认识停留在感性阶段，而必须通过思维得到事物的真实内涵。孟子还提出了"读书存疑"的主张，强调"尽信书则不如无书"。

5. 由博返约

孟子说："博学而详说之，将以返说约也。"意思是说，广博地学习，详细地解说，融会贯通后再回到简略地述说大意。这里的"详说"，是指对读物要精细研究，详细阐释，即所谓"把书读得厚"；这里的"说约"，指对读物内容的简明概括，由厚到薄。由博返约，要求读书治学必先深入细致地钻研，在此基础上再归纳概括。

6. 专心有恒

孟子认为学习必须专心致志，能刻苦，能坚持，切忌三心二意，一曝十寒。他说："学问之道无他，求其放心而已矣。"他曾举奕秋教人学棋为例，一个专心学习，日有进步，一个不专心致志，则不得，指出一个人学习不能得到满意效果，往往并非其"智弗若"（不聪明），而是不能专心的结果。孟子还指出，专心还必须有恒。他以掘井作喻道："有为者辟若掘井。掘井九仞而不及泉，犹为弃井也。"掘井虽深未得泉水而中止，等于放弃，说明读书不坚持到底终将落空。

人物小传

孟子（约前372—前289），名轲，字子舆，邹（今山东邹城市）人，战国时期伟大的思想家，儒家的主要代表人物之一。孟子的仁政学说被认为是"迂远而阔于事情",没有得到实行的机会。最后退居讲学,和他的学生一起,"序《诗》《书》,述仲尼之意,作《孟子》七篇"。孟子继承和发展了孔子的思想,提出一套完整的思想体系,对后世产生了极大的影响,被尊奉为仅次于孔子的"亚圣"。

终日而思不如片刻所学——荀子谈阅读

荀子曾说："我想由卑贱变为高贵，由愚昧变为智慧，由穷困变为富有，可以吗？回答是：大概唯一的办法就在于学习了！"

荀子认为，尊贵的名誉不能用结党营私的方式取得，不能靠狂妄自吹拥有，不能靠权势胁迫强取，而必须要真正刻苦学习才能得到。如果刻意追求争夺，反则会失去它；如果谦虚敬让，就会得到它。遵循正道而行就能保有，狂妄自夸势必落空。所以，君子务必注重内在品德的修养而在行为上为人谦让，务必努力积聚优秀品德于自身而在处世方面遵循正道，这样，尊贵的名声如同日月当空，天下人民将齐声响应如雷霆轰鸣。所以说，君子即使隐居郊野，其名声也显著；即使地位低下，也荣耀显赫。荀子对读书的功用可谓推崇备至，而说到读书的心得体会，他这样表述：

我曾把整天的时间用于思考，但比不上学习片刻的收获之大；我曾踮起脚来望远，但比不上登临高处所见之广阔。登上高处伸手招呼，手臂并未加长，但能为远处的人所看见；顺着风向呼喊，声音并未加大，但能使人听得清楚。借助车马行路的人，并无奔走的双脚，却能一日千里；借助舟楫出游的人，并非善于游泳，却能横渡江河。君子的资质禀性与一般人并无不同，不过善于借助外物罢了。

南方有一种鸟名叫蒙鸠，它用羽毛做巢，再用毛发编结，系在芦苇顶端的花穗上。当大风吹来时，花穗折断，鸟巢里的鸟蛋摔破了，幼鸟也摔死了。鸟巢本身做得并非不完好，是因为它所维系的东西不坚固才成为这样子的。西方有一种草木名叫射干，茎长只有4寸，长在高山之上，俯对百仞深渊，不是射干的茎能够变长，而是它所生长的地方使它成为这个样子的。蓬草夹生在麻地里，用不着扶持自然会长得端直；白沙落到黑泥中，就会变得像黑泥一样黑。芷本是香草兰槐之根，如果用臭水去浸染它，那么君子不愿接近它，普通人也不会佩戴它。这并非是它本质不美好，而是由于浸染它的臭水使它成为这样的。所以，君子居住时一定要选择好的环境，交友一定要选择有道德有学问的人，用这种办法防止邪道浸染，而接近正道。

万事万物的发生，必有它起始的原因；光荣和耻辱的到来，也一定与这个人的品德好坏相一致。肉腐烂了要生蛆，鱼枯干了会生虫。懈怠懒散以至于不能约束自我的时候，灾祸就发生了。物体太强硬会招致断折，太柔弱又易受束缚。自己品行邪恶，必然成为与人结怨的因由。用相同的方法放置木柴，火会先向干燥的木柴烧去；在平整程度一样的地面上，水总是流向潮湿的一边。草木同类共生，禽兽合群而聚。万物都是按其特性和类别相依存的。因此，设起箭靶，箭就朝它射过来；树木长成了，人们就带斧子来砍伐。所以，有可能招来灾祸的言语，也有可能招来耻辱的行为，君子一定要慎重地对待自己的所学所为。

荀子的一番表述可谓意味深长，读来有振聋发聩之感。他强调了阅读的重要，并阐明了君子应慎重地对待自己的所学所为的道理。从中我们可以发现，他充分地意识到，一个人在阅读上所能获得成绩的多少，跟一个人阅读的品位以及在道德品行上的追求是分不开的。"终日而思不如片刻所学"，这其中的"学"该包含着多么深刻的内涵啊！

人物小传

荀子（约前313—前238），名况，时人尊其为"卿"，战国末思想家、教育家。汉人避宣帝讳，曾改称孙卿。游学于齐，曾三任祭酒。韩非、李斯，均为其学生。其学说总结先秦诸子学术思想，对古代唯物主义有所发展。他的学说与孟子"性善"说相反，他认定人性生来本"恶""其善者伪也"，有"师法之化，礼义之道"，才可以为善。其政治观为"礼治"与"法治"相结合，坚持儒家"正名"说，强调尊卑名分，主张"法后王"（效法文、武、周公之道）。其于经济，提倡强本节用、开源节流，"省工贾、众农夫"等观点。为文说理透辟，结构谨严，《赋篇》对汉赋兴起有所影响。荀子晚年总结百家争鸣和自己的学术思想，专心著述，著有《荀子》，流传至今。

"不求甚解"读书法——陶渊明谈阅读

陶渊明少年时就胸怀大志，刻苦攻读儒、道经典及文、史、神话小说等异书。他读书重在弄懂其大意，不钻牛角尖，不像一些读书人拘泥于章句细碎处。他一生重视阅读学习，曾留下阅读名句："奇文共欣赏，疑义相与析。"

陶渊明阅读注重领会其精神要旨，并不刻意于字句的解释。他在《五柳先生传》中自述说：自己生性喜好闲静淡泊，不追求功名利禄。喜欢读书，却又不受字句释义的局限；每当读到会心处，便连吃饭也忘了。后人据此将陶渊明这一读书方法总结为"会意阅读法"，或称"不求甚解法"。

陶渊明在《与子俨等疏》中又说："少学琴书，偶爱闲静。开卷有得，便欣然忘食。"可见他追求的是读书会意，着重领会书中深含的旨意，而不死抠个别字句。这与诸葛亮的"观其大略"读书法是一致的。

陶渊明的"不求甚解法"，一扫"死读书，读死书"的死板学风，对后世影响颇大。唐代诗人白居易也推崇这种读书方法，他在《松斋自题》中写道："况此松斋下，一琴数帙书。书不求甚解，琴聊以自娱。"

"不求甚解"的词义，后来发生转化，如今多用来形容读书浅泛粗疏，只求略知大概而不作深入理解。显然，这与陶渊明的"不求甚解"本义是两回事。对此，邓拓曾在《燕山夜话·不要秘诀的秘诀》中指出："本来说不求甚解，也并非真的不要求把书读懂，而是主张对于难懂的地方先放它过去，不要死抠住不放。也许看完上下文之后，对于难懂的部分也就懂得了；如果仍然不懂，只好等日后再求解释。"陶渊明所说"每有会意，便欣然忘食"，也表明会意并不止一次，而是随着阅读深入而不断领会书中的意旨。

人物小传

　　陶渊明（365—427），字元亮，别号五柳先生，晚年更名潜，卒后亲友私谥"靖节"。陶渊明因受时代思潮和家庭环境的影响接受了儒家和道家两种不同的思想，培养了"猛志逸四海"和"性本爱丘山"这两种不同的志趣。他一生为官清正，追求恬淡，最终因看不惯官场的险恶，退隐山林。陶渊明是汉魏南北朝800年间最杰出的诗人，他一生重视学习，笔耕不辍，陶诗今存125首，多为五言诗，从内容上可分为饮酒诗、咏怀诗和田园诗三大类。陶渊明的作品感情真挚，朴素自然，有时流露出逃避现实、乐天知命的老庄思想，有"田园诗人"之称。

读书要经世致用——王安石谈阅读

王安石名列"唐宋八大家"之一，其诗词继承了杜甫、韩愈的现实主义传统，或抒发自己的政治抱负，或反映民间的疾苦，具有独到的社会内容。王安石一生著作很多，可惜所著《字说》《钟山目录》等多已散佚，流传下来的有《临川先生文集》《周官新义》《诗义钩沉》等。作为一个出色的政治家和改革家，能够在有限的时间里取得如此瞩目的成就，这跟他的阅读方法是分不开的，归纳起来，王安石在阅读时提倡以下3点：

1. 博闻强识

据说有次苏东坡进王安石书房，见书橱中有的书落满了灰尘，便打趣说："看来有些书老相公是从来不看的。"王安石正色道："你以为我是好藏书而不好读书的人吗？我这24橱书，你可以从中任取一册考我。"苏东坡便抽出一本积满灰尘的书，从书中任意念了一句，不料王安石竟随口背诵出下一句，还对这两句话进行解释。反复考了几次，都没难倒他，苏东坡对王安石的博闻强识赞叹不已。

王安石在《答曾子固书》中曾介绍自己的读书体会："读经而已，则不足以知经。故某自百家诸子之书，至于《难经》《素问》《本草》及诸小说，无所不读；农夫女工，无所不问。然后于经为能知其大体而无疑。"在这段话中，他谈到自己读书不局限于读经，还广泛涉猎医、农等书，且联系实际，勤问农夫女工。王安石不仅钻研了大量经史典籍和政治、经济、军事、文学等著作，同时还研究了佛学和道学，因而成为一位视野开阔、学问渊博的学者型政治家。

2. 博与专结合

在博览的基础上，王安石致力于发展新学，针对守旧派对他"尽变更祖宗旧法"的攻击，提出了"天变不足畏，祖宗不足法，人言不足恤"的名言。为统一思想，推行新政，1071年，他奉命与学生陆佃等人合编了《三经新义》，用新的观点解释《诗》《书》《周礼》三经。1075年，这部书作为统一教材，在全国发行使用。王安石强调读书治学要专精，如果不能专精，那就只能停留在表面，读过不久就忘得差不多了，谈不上深入和巩固。

王安石曾写下一篇著名的《游褒禅山记》。在这篇游记中，他提出"人之愈深，其进愈难，而其见愈奇"。他以游山为比喻，说明读书治学同游山一样，必须"有志与力""以其求思之深而无不在也"；由于古书不存，"学者不可以不深思而慎取之也"。"奇伟、瑰怪、非常之观，常在于险远"，而王安石正是一位在治学上不畏险远的"有志者"。

3. 经世致用

他忧国忧民，以天下为己任，主张学以致用，为学为文要有补于世，注意研究政治和社会问题，致力于改革。他学问渊博，又敢于突破前人藩篱，独抒己见，探索新儒学，他的学术思想世称"荆公新学"。他反对仅以"讲说章句"取士的科举考试制度，主张广设学校，教以有用的实学，"尚实学""求专门""兼文武"，培养学用一致的人才，以实行新法，富国强兵。

人物小传

王安石（1021—1086），字介甫，号半山，小字獾郎，封荆国公，世人又称王荆公，抚州（今属江西）临川人，北宋杰出的政治家、思想家、文学家。为官期间，曾系统地提出了变法主张，要求改变北宋"积贫积弱"的局面，抑制大官僚地主的兼并和特权，推行富国强兵政策。他的变法得到了神宗的支持，史称"王安石变法"或"熙宁变法"。王安石为"唐宋八大家"之一，在诗、文、词等方面都有杰出的成就。北宋中期开展的诗文革新运动，在他手里得到了有力推动，对扫除宋初风靡一时的浮华余风作出了贡献。但是，王安石的文学主张过于强调"实用"，对艺术形式的作用往往估计不足。

"提要抓纲"与"八面受敌"——苏轼谈阅读

在我国文学史上，苏轼是最灿烂的星斗之一。他能取得巨大的成就，与他勤于阅读、善于阅读有很大关系。苏轼读书肯动脑筋，讲究读书方法。他的阅读方法，有两点很突出：一是"提要抓纲"，一是"八面受敌"。

宋代陈鹄的《西塘集耆旧续闻》记载了这样一件有趣的事：苏轼40多岁被贬为黄州团练副使的时候，和司农朱载上结为知己。一天，朱载上来到苏轼住处探望，通禀进去许久，不见苏轼出迎。朱载上走也不是，留也不是，很尴尬。好半天，苏轼方出来待客，抱歉地说："刚做完'日课'，失敬失敬。"朱载上一听苏轼还做'日课'，很惊奇，忙问："先生的'日课'是什么呢?"苏轼回答："抄《汉书》。"朱载上更为诧异，说："以先生的天才，开卷一览，就可终生不忘，还用得着手抄吗?"苏轼回答："我读《汉书》，到现在已经亲手抄过3遍了。开始读一段事抄3字，第二遍抄2字，现在只抄1字。"朱载上十分敬佩，回家对儿子说："东坡先生尚且如此用功，平常人更应当勤奋读书啊!"另外，据《宋史·苏轼传》载："生十年……母程氏亲授以书，闻古今成败，辄能语其要。"可见苏轼从小读史就不是泛泛而读，而是把重点放在总结历史兴亡成败的经验教训上，并且能掌握住其要点。

其实，这得益于他平时所采用的"提要抓纲"的方法。他归纳出的3字、2字、1字，就是"要"，就是"纲"。掌握住要点，抓住了纲，不但便于记忆，而且说明他对所读的东西已经消化了、理解了，所读的成为他自己的东西了。

苏轼读书的另一个方法即所谓的"八面受敌"法。元人陈秀明《东坡文谈录》中载："东坡与王郎书云：少年为学，每一书作数次读。

当如入海，百货皆有，人不能兼求之——如欲求古今兴亡治乱，圣贤作用，且只作此意求之，勿生余念。事迹文物之类，又别一次求。他皆仿此。若学成，八面受敌，与涉猎者不可同日语。"苏轼讲的"每一书作数次读"、每次"且只作此意求之"，就是把一部书按内容分成若干项目，一个一个有重点地深入学习、研究，集中精力打"歼灭战"，然后在分项研究的基础上进行综合，达到融会贯通。这样即使"八面受敌"也能应付。"受敌"指经得住考验，抵挡住各种疑难的袭击。这的确是苏东坡阅读、治学的经验之谈。

因此，对自己要学习和研究的基础书、重点书和难度大需精读的书，可用这种"八面受敌"法。如果一次次地泛读，走马观花地涉猎，往往深入不进去，只是在一个平面上徘徊。而"一书作数次读"，每次有个重点，少而精，钻进去，每一次都会有新收获，有新突破，久而久之就能"八面受敌"——具备了充分的条件和能力，解决与本书有关的各类问题。

人物小传

苏轼（1037—1101），字子瞻，号东坡居士，四川眉山人，北宋大文学家、书画家。与父苏洵、弟苏辙合称"三苏"。少时博通经史，于宋仁宗嘉祐二年（1057年）中进士，深受欧阳修赞赏，名满京师。但在北宋激烈的变法运动及新旧党争的政治旋涡里，屡遭贬谪，先后贬至黄州、惠州、儋州，最后病死于常州，卒后追谥"文忠"。苏轼共留下2700多首诗、300多首词以及卷帙浩繁的散文，是我国作品数量最多、质量最优的作家之一。他在书法、绘画、饮食、医药、禅学等方面也有极其丰硕的建树。

注意书籍的修改之处——黄庭坚谈阅读

江西诗派领袖黄庭坚从幼年起即纵览六艺，阅读典籍和小说杂书，博学多闻。他读书有个特点，即特别注意各家写作方法的不同之处，尤其注意作家对自己作品的修改之处。黄庭坚注意书本的修改之处，是有其道理的。一本书稿的修改过程是作者思想变化、发展、深化的过程，一本书出版后，隔几年再出修订本，其中必有原因。所以，我们在读书时对此亦应留心。

当然，黄庭坚于诗歌艺术上取得的成就，不仅仅是注意修改之处的结果，更主要的是基于他在诗歌发展过程中的创新。宋诗到黄庭坚时已有许多新的发展，但实际上在前辈和同代的著名诗人中，像欧阳修的或是平淡流贯或是极端散文化的风格，黄庭坚是不喜欢的；苏轼的诗以才气为胜，不拘一格，又非一般人所能模仿。而且以前各家没有人在诗歌的形式和语言技巧方面提出一套可行的方法。黄庭坚一直苦心钻研，对杜甫尤为推崇。通过汲取杜诗在艺术表现方面的一些长处，并站在自己的立场上总结前人的得失，他逐渐形成了独特的诗歌风格。而且，他还提出了一整套的"诗法"，使得许多诗人翕然相从。

黄庭坚主张以丰富的书本知识作为写诗的基础，他认为杜诗韩文，"无一字无来处"，又说"词意高胜，要从学问中来尔"。多读书的目的，是积累古人的"佳句善字"，以备己用。对此他提出了著名的"点铁成金"与"脱胎换骨"论。

这大致有两方面的含义：一是指借用前人诗文中的词语、典故，加以陶冶点化，化陈为新，使之在自己的诗中起到精妙的修辞作用；二是指师承前人的构思与意境，使之焕然一新，成为自己的构思与意境。

对于上述理论的理解，必须和黄庭坚所强调的在语言上去陈反俗的理论结合起来看。就是说，他虽然重视运用书本材料，却强烈反对袭用前人的陈词滥调。所以，过去诗歌中习见的语汇、意象，在黄庭坚诗里反而是少见的。他用典喜欢从一些冷僻的书籍中引用；如果是人们熟悉的，他则尽量用得出人意料。譬如《次韵刘景文登邺王台见思》中"公诗如美色，未嫁已倾城"二句，把出于李延年《李夫人歌》的"倾城倾国"这样无人不晓的成语用得极有新鲜感。

以上所涉及的，主要是语汇或语言材料方面的问题。除此之外，黄庭坚对诗的句法和结构也有很多的讲究。在句法方面，黄庭坚喜欢多用拗句，这是从杜甫那里学来的，但杜甫还只是偶一为之，黄庭坚则用得很普遍，形成了他的特色。

人物小传

黄庭坚（1045—1105），字鲁直，号山谷道人，出生于洪州分宁（今江西修水），北宋诗人、词人、书法家。其最重要的成就是诗。诗论标榜杜甫，但是强调读书查据，以故为新，"无一字无来处"和"脱胎换骨，点铁成金"之论。他又能词，兼擅行、草书。书法初以周越为师，后取法颜真卿及怀素，受杨凝式影响，尤得力于《瘗鹤铭》，笔法以侧险取势，纵横奇崛，自成风格，为"宋四家"之一。遗作有《山谷集》，词集名《山谷琴趣外篇》，书迹有《华严疏》《松风阁诗》及草书《廉颇蔺相如传》等。

切己体验，循序渐进——朱熹谈阅读

朱熹是我国第一个系统研究阅读理论和读书方法的人。他把"格物致知，读书穷理"和"为学之实，固在践履"作为阅读的基本原则，并总结出一系列阅读方法，他的学生辅汉卿等把这些方法概括为"朱子读书法"。尽管他教导学生追求真理的内容是封建的，但其读书的精神与方法是可取的，朱子读书法无疑是中国读书史上一份丰厚、珍贵的文化遗产。朱子读书法的要点是：

1. 切己体验

朱熹认为读书不可只专就纸上去求义理，要联系自己的知识、经验来理解推断，即"将自各个己身入那道理中去，渐渐相亲，与己为一"。同时，他认为读书又不可固执己见。"观书以己体验，固为亲切，然亦需遍观众理而合其归趣乃佳。若只据己见，却恐于事理有所不同，欲径急而反疏缓也。"他主张读书要"虚心切己，虚心则见道理明，切己，自然体认得出"。

2. 循序而渐进

有的人读书性子急，一打开书就匆忙朝前赶。朱熹批评他们像饿汉走进饭店，见满桌大盘小碟，饥不择食，狼吞虎咽，食而不知其味。究竟怎样读书呢？朱熹的方法是："字求其训，句索其旨，未得乎前，则不敢求其后，未通乎此则不敢志平彼，如是循序渐进，则意志理明，而无疏易凌躐之患矣。"也就是说，要一个字一个字地弄明白它们的含义，一句话一句话地搞清楚它们的道理，前面还没搞懂，就不要急着看后面的，这样就不会有疏漏错误了。他还说："学者观书，病在只要向前，不肯退步看，愈向前愈看得不分晓，不若退步，却看得牢。"就是说，读书要扎扎实实，由浅入深，循序渐进，有时还要频频回顾，以暂时的退步求得扎实的学问。

3. 识得源头

朱熹曾在《观书有感》一诗中写道："半亩方塘一鉴开，天光云影共徘徊。问渠那得清如许，为有源头活水来。"朱熹认为学贵有源，读书要寻找源头，追根溯源，理会大的道理。他说："识得道理源头，便是地盘。""须就源头看，教大底道理透，阔开基，广开址。如要造百间屋，须著有百间屋基，要造十间屋，须著有十间屋基。"

4. **熟读精思**

朱熹认为读书要从反复诵读入手，做到学与思结合，力求透彻理解和领悟，牢固记忆和掌握。他说："大抵观书须先熟读，使其言皆若出于吾之口；继以精思，使其意皆若出于吾之心，然后可以有得尔。"他具体阐述由熟读到精思的读书过程："凡读书……须要读得字字响亮，不可误一字，不可少一字，不可多一字，不可倒一字，不可牵强暗记，只要多诵数遍，自然上口，久远不忘。古人云'读书千遍，其义自见'，谓读得熟，则不待解说，自晓其义也。""若读得熟又思得精，自然心与理一，永远不忘。"精思是从无疑到有疑，又从有疑到解疑的过程。他指出："读书始读，未知有疑，其次则渐渐有疑，中则节节有疑。过了这一番后，疑渐渐解，以至融会贯通，都无所疑。"

5. **虚心涵泳**

朱熹曾批评当时普遍存在的两种毛病：一是"主私意"，就是以自己的想法去揣测书中的道理，穿凿附会，歪曲了古人的本来意思。二是"旧有先人之说"，就是先前接受的观点不肯放弃，从而排斥接受新的观点。

为了纠正以上这两种不好的毛病，朱熹主张虚怀若谷，静心思虑，悉心体会作者本意，强调读书要耐心涵泳，就是要反复咀嚼，深刻体会行中的旨趣。

6. **着紧用力**

"着紧用力"包含两个意思：一是指时间上要抓紧，要"饥忘食，渴忘饮，始得"。二是指精神上要振作，要有刚毅果决，奋发勇猛的精神，"如撑上水船，一篙不可放缓"。

7. 居敬持志

所谓居敬持志，就是读书必须精神专一，全神贯注，还要有远大的志向、顽强的毅力。这也是朱熹读书之法的基本精神。

8. 知行并重

朱熹把《中庸》上所说的"博学之，审问之，慎思之，明辨之，笃行之"列入《白鹿洞书院教条》内，作为"为学之序"。他认为学、问、思、辨是穷理、致知的功夫，笃行则是躬行实践的功夫。朱熹自己治学就在于"究理以致其知，身躬以践其实"，所以他主张"穷理"与"笃行"结合，知与行结合。他强调"论先后，知为先；论轻重，行为重"，即以"知"来指导"行"，用"行"来提高"知"。在当时不重学的风气下，朱熹强调知行并重，有其进步意义。

9. 融会贯通

朱熹强调："问学如登塔，逐一层将去，上面一层，虽不问人，亦自见得。"他认为读书治学的最高境界是运用自如，到那时，"等闲识得东风面，万紫千红总是春"，豁然贯通，而风光无限！

人物小传

朱熹（1130—1200），字元晦，号晦庵，别称紫阳，晚号晦翁、云谷老人、沧州遁叟，婺源（今江西婺源县）人。绍兴年间中进士，历高宗、孝宗、光宗、宁宗 4 朝，累官转运副使、焕章阁待制、秘阁修撰、终文阁待制。广注典籍，对经学、史学、文学、乐律以及自然科学均有不同程度的贡献。在哲学体系，著有《四书章句集注》《周易本义》《诗集传》《楚辞集注》《晦庵先生朱文公文集》和《朱子语类》等。

"师其意，不泥其迹"——戚继光谈阅读

戚继光一生戎马 40 多年，指挥百余次战役，所战皆捷。他文通经史，武懂韬略，既是一位足智多谋、百战百胜的将军，又是一位为后人敬仰的著名军事理论家。这一切，无疑与他善读兵书、在实践中不断发展古兵书理论是分不开的。戚继光在领兵打仗、治军育将的繁忙戎务中，抓紧时间广阅历代兵书，并善于处理学与用、继承与发展的关系，形成一套独特而有效的读书心法。

1. 大胆变革，学创结合

在瞬息万变的战场上，戚继光告诫将士千万不能让兵书束缚自己的手脚，而应灵活运用，不断创新。明代以前，主要以冷兵器为主，在《孙子兵法》等兵书中很少有各兵种协同作战的论述。戚继光在东南沿海抗倭作战中创立鸳鸯阵，在兵器技术上由长短兵器的协同作战发展到冷热兵器协同作战，在作战形式上由单一兵种发展到步、水军协同作战。镇守蓟州时为抗击入侵的蒙古骑兵，他又提出车兵、步兵、炮兵和辎重兵协同作战的思想，大大提高了战斗力。

2. 师其意而不泥其迹

戚继光努力从古兵法中学习前人的优秀思想，但又不机械照搬，而是融会贯通，运用自如，从实战出发，"随意应敌，因敌制胜"。他在《练兵实纪》中指出："师其意，不泥其迹，乃能百战百胜。"他把古代兵书比喻为无所不备的药铺，认为纵然把各种药名药方记得烂熟，但临诊不会运用，也是枉然，关键在于摸清"患者何症"，方能开方"所宜何药"。他将作战指挥归纳为 3 种类型：要反对鲁莽行事的"糊涂战"，力避死打硬拼的"舍命战"，争取打知己知彼、用韬略取胜的"算定战"。

3. 勤读兵书，勤著兵书

戚继光受古兵书启示，勤于动笔，一边训练打仗，一边读书，一

边写作。他认真总结自己作战、练兵、治军的经验，在抗倭中写就《纪效新书》，在镇守蓟州时写就《练兵实纪》。这两部兵书是戚继光学习运用古兵法的产物，又是他身经百战的智慧结晶，具有内容丰富、观点精辟、切合实际的特点。他提出集中优势兵力"以五当一"的集兵歼敌思想和"大创尽歼"的歼灭战思想，对今人仍有启迪作用。1942年《八路军军政杂志》就曾摘编《戚继光治兵语录》，与《孙子》《吴子》等合编为《中国古代军事思想丛书》，在延安出版发行。《四库全书总目》收历代兵书20部，其中就包括戚继光这两本兵书。

4. 组织官兵学习兵法韬略

戚继光认为，"练兵之要在先练将"，凡要当一名称职的将领必须智勇双全，通晓兵法。他建议部将熟读《武经七书》，每天晚饭后限看数页，联系作战实际，掌握用兵谋略。他亲自讲授攻守方略，传历代名将为将之道，作兵器操作示范。在他的精心培养下，一大批良将脱颖而出，成为戚家军胜敌的中坚力量。

人物小传

戚继光（1528—1588），字元敬，号南塘，晚号孟诸，山东蓬莱人，明代抗倭名将，民族英雄，杰出军事家。出生将门，自小立志疆场，保国卫民，曾挥笔写下"封侯非我意，但愿海波平"的名句。嘉靖三十八年（1559）戚继光从浙江义乌群山之中招募勇敢的农民和彪悍的矿夫共3000余人，采用营、官、哨、队4级编制方法编成新型军队，人称"戚家军"。

戚继光在40多年的戎马生涯中，"一年三百六十日，多是横戈马上行"，或在东南沿海扫灭倭寇，廓清海疆；或在北方练兵御边，使蓟门安然，堪称一代爱国名将。他智勇兼备，多谋善断，练兵有方。他不仅战功卓著，而且在军事理论上颇多建树，著有《纪效新书》《练兵实纪》两部兵书，为后世兵家所推崇。

逢书必批——金圣叹谈阅读

金圣叹批书成就如此之高，绝不是偶然的，这与他有着丰富的阅读经验和行之有效的读书方法是有密切关系的。人们历来盛赞金圣叹的批书之妙，而很少有人探讨他的读书之法。这里综合他的生平和所批各书，大致归纳了以下 3 点阅读的经验和方法。

1. 终年累月地勤奋阅读

批书作评，看似容易，实质上是有难度的。如果一个评点家对一种文体没有精深的了解，便无法作评。即使评点了也未必精彩，弄得不好还会闹笑话，露出浅陋之处。金圣叹批书之所以能如此精彩，吸引人，又有大胆创见，以致当时的学者把他的书几乎家置一编，与他渊博的知识和高深的文学修养是分不开的。而渊博的知识和高深的文学修养，与他勤奋刻苦地用功读书是分不开的。

据《清代七百名人传》记载，金圣叹评点文学作品时，常"宵深不寐，勤心从事。乃伏案三月，未终一卷"。伏案三月，居然一卷都未批阅完，其认真细致的程度不言而喻。该书又说：贯华堂中，书如獭祭，心血耗竭，白发星星矣。"贯华堂"是金圣叹的书房，里面"书如獭祭"，也就是各种各样的参考书本本摊开，逐一排比，可见的批语绝不是轻易下笔，草率从事，而是多方阅读、斟酌再三、酝酿既久方才郑重下笔的。否则自明以来，批书者不计其数，有几个能像金圣叹这样名满天下呢？所以，金圣叹批书的成就，与他平时长期的刻苦攻读是密不可分的。

2. 几乎到了凡书必批的地步

读书时在书中写上一些批语和圈点，并不是从金圣叹开始的，在他之前已有不少名重一时的评点家。但是，金圣叹几乎到了每书必批的地步，凡阅过的书，他都会在上面加批语和圈点。而且他的批语和前人不一样：在他之前的评点家，如刘辰翁、杨慎、李贽等，都是有了感触才加评语，没有感触和见解就不加，即使加上，也都为三言两语，颇为简单，难得有长篇大论；金圣叹则不同，他是从头到尾都加批语，以他批《水浒传》《西厢记》而论，从书名、人物、语言、方法，他都一一加批，评得天花乱坠、头头是道，哪怕是很小的一点点蛛丝马迹都不放过。除了书前总批，每一章、每一回前都有批语，书中字句间有批语不算，到了每一回或每一出戏的末尾，他也都加批语。像这样的批书情况，在他之前是从没有过的。

3. 有胆识有创见，自成体系

金圣叹批书，详细具体，周密严谨，虽然有时候显得啰唆一些，但总体上说，他的批语并非无病呻吟，胡批乱涂，而都是有自己独特的见解和胆识。如他把正规文人所瞧不起的小说《水浒传》、戏剧《西厢记》，与《杜诗》《离骚》《史记》《庄子》并列为"六才子书"，这种见解就相当大胆，可以说是破天荒的事。又如《西厢记》中因《酬简》写到张生和莺莺的交欢，有人便称其为"淫书"，但金圣叹偏偏不这样认为，并为它辩护。他在批语中说："《西厢记》断断不是淫书，断断是妙文。"又说："细思此一事，何日无之？何地无之？"大胆说出了人人心中明白却又不敢说的话。此外，他在批唐诗、批杜诗、批《诗经》、批《水浒传》、批欧阳修词、批《孟子》时几乎都有其独特的见解与发明，令人耳目一新。

人物小传

金圣叹（1608—1661），名采，字若采，明亡后改名人瑞，圣叹是他的别号，明末清初大文学批评家。因恃才傲物，讥讽考官，游戏科场，而多次被黜。明亡时年36岁，以文学批评开始了他的后半生。圣叹盛推《庄子》《离骚》《史记》《杜诗》《水浒传》《西厢记》为天下才子必读书，并打算逐一评点，因突遭大祸，只完成了其中的两部，即《水浒传》与《西厢记》的评点。金圣叹对于文学批评的"灵心妙舌"自然是独树一帜，非同小可的。他的艺术审美和人生趣味，所反映出的正是明清之际的时代精神与生命智慧。

边读边抄，越读书越厚——顾炎武谈阅读

"天下兴亡，匹夫有责！"顾炎武的这一名言影响了一代又一代的仁人志士。顾炎武作为封建时代的大学者，他的道德言行、学问文章虽然带有那个时代的局限性，但其对后世的进步影响还是不可磨灭的。

顾炎武少年时就立下报国壮志，16岁时他与同邑友人归庄参加复社，关心时政，阅读《邸报》，砥行立节，在家乡有"归奇顾怪"之称。27岁那年，顾炎武参加秋试不中。他深感国家危难，科举误人，于是摈弃八股入仕之途，开始其治学生涯。他"历览二十一史以及天下郡县志书，一代名公文集及章奏文册之类"，辑录古书中有关地理沿革史料，参考各地志书资料，开始写作《肇域志》与《天下郡国利病书》，以寻求国贫民弱的根源。后来为躲避清政府迫害，他只身奔走南北，往来于山东、河北、山西、陕西一带访学，以二马二骡载书自随，周游天下，与北方学者交流切磋学问。每到险关厄塞，调查了解当地情况，并打开图书勘对。他誓不仕清，清政府曾邀他修《明史》但遭到拒绝。晚年顾炎武客居山西祁县，著述终老，享年70岁。

顾炎武阅读、治学以勤奋著称。《清史·儒林传》称他"生平精力绝人，从少至老，无一刻离书"。他喜好藏书，尤爱金石文字，每遇异书，必倾资相购。他活到老学到老，主张"有一日未死之身，则有一日未闻之道"。他讲究读书方法，曾提出："今日欲革科举之弊，必先示以读书学问之法。"

顾炎武的一生，跟书有着不可分割的渊源。他6岁启蒙，10岁开始读史书、文学名著。11岁那年，他的祖父蠡源公要求他读完《资治通鉴》，并告诫说："现在有的人图省事，只浏览一下《纲目》之类的书便以为万事皆了了，我认为这是不足取的。"这番话使顾炎武领悟到，读书做学问是件老老实实的事，必须认真地对待。顾炎武勤奋治学，他采取了"自督读书"的措施。首先，他给自己规定每天必须读完的卷数；其次，他限定自己每天读完后把所读的书抄写一遍。他读完《资治通鉴》后，一部书就变成了两部书。再次，要求自己每读一本书都要做笔记写下心得体会。他的一部分读书笔记后来汇成了著名的《日知录》一书。最后，他在每年春秋两季都要温习前半年读过的书籍，边默诵边请人朗读，发现差异，立刻查对。他规定每天这样温课200页，温习不完，决不休息。别人读书是越读越薄，他读书是越读越厚，越厚他越不嫌多。就这样，顾炎武勤奋攻读了30多年，到45岁时，他已读完天文、地理、历史、文学等书籍几万卷，还读完了府、县地方志1万多卷。在他家乡四周，几乎找不到他没有读过的书了。于是，他立下大志，要走遍天下，读遍天下书。他用两匹骡子驮着书，跋山涉水，到处征借书籍。书读得越多，他越不满足，正是由于他这种孜孜以求的学习精神，才积累了丰富的学问，成为当时著名的学者。

另外，顾炎武力倡"博学为文"，以经世致用为旨，反对死钻书本。他说："人之为学，不日进则日退。独学而无友，则孤陋而难成，久处一方，则习染而不自觉……若既不出户，又不读书，则是面墙之士。"他注重考察社会，悉心探究"国家治乱之源，生民根本大计"，同情民间疾苦，提出反君主专制的民主思想，反对封建科举制度，反对苛赋杂税，被视为清初启蒙思想家，与王夫之、黄宗羲齐名。

勤奋读书而又联系实际，形成顾炎武融会贯通、博大精深的治学风格。他为学广涉经学、金石考古、史地、音韵等领域，开清初实学新风。

人物小传

顾炎武（1613—1682），原名绛，明亡后改为炎武，字宁人，学者称亭林先生，江苏昆山人，明清之际史学家、思想家。近代学者梁启超称顾炎武为"清学开山之祖"。顾炎武治学范围广阔，著作多达50余种，其中最有价值的代表作品是《日知录》《音学五步》《天下郡国利病书》《肇域志》以及后人编辑的《顾亭林诗文集》。在明末清初的社会大动荡之中，顾炎武以其崇实致用的学风和锲而不舍的学术实践，宣告了明末空疏学风的终结，开启了一代朴实学风的先路。

追求博通，求实创新——王夫之谈阅读

王夫之博大精深的思想学术体系之形成，与他进步的阅读治学方法是分不开的。他的治学途径，既深入传统又立足现实，而以经世致用为宗旨，体现在学术精神上，则是兼容并包，不拘一格。他有诗云："坎流邈殊途，既济愉同归。比肩通异理，蒙袂轻调饥。"这正是其学术精神的生动写照。从他的学术精神当中，我们不难领悟王夫之对读书的态度。具体来说，有以下4点。

1. 学思结合

王夫之认为，"学愈博则思愈远"，学有益于思，思有功于学，治学必须学思兼致。他主张对于前人的思想成果需要虚心学习，为我所用，而不能凭一己之聪明随意发挥剪裁；但在继承借鉴的过程中，必须加上自己的独立思考，而不能一味盲从，完全照搬，以免失去自己的学术个性。他认为，古人的思想学术，尽管"先我而得者已竭其思"，但后来者仍不能就此却步，而要"度之于吾心"，加以反复追问，看古人讲的是否真有道理，还有哪些问题需要进一步研究。因此，学与思相得益彰，"学非有碍于思，而学愈博则思愈远；思正有功于学，而思之困则学必勤"。在学与思的结合中，王夫之尤其重视思的主体作用，他认为学的过程就是要发挥主观能动性，运用思的功夫辨其大义，察其微言，以掌握修己治人的致道妙理。如果不去思考，读书的效用就将大为下降，所谓"无高明之量以持其大体，无斟酌之权以审于独知，则读书万卷，止以导迷，顾不如不学无术者之尚全其朴也"。因此，王夫之读书时总是"以肃然之心临之，一节一目，一字一句，皆引归身心，求合于所志之大者"，思贯穿于学的始终。

2. 追求博通

王夫之治学具有博大的气象，他对中国传统的学术可谓无所不究。

他自幼受家学熏陶，广泛涉猎诸子百家以及佛老之学；归隐山林后，在生活条件极为艰难的情况下，仍读书不已，"启瓮牖，秉孤灯，读十三经、廿一史及朱、张遗书，玩索研究，虽饥寒交迫、生死当前而不变"。在遍览群籍的基础上，王夫之勤为著述，所涉领域十分浩博，大凡儒、道、释各家思想以及历史要籍、典章制度都有研究，不仅考驳异同，指出前人所疏略之处，而且还"敷宣精义，羽翼微言"，提出自己的精辟见解。湖广学政李周望盛赞王夫之"于学无所不窥"，"固合马、郑、伏、刘、何、杜、匡、辕、涑水、紫阳、王弼、向秀、王逸诸子之学，萃于一身，其才高而学赡为何如也"。

3. 严谨求实

王夫之一生治学，具有严谨求实的精神，这也是"清初三大思想家"的一个共同特点。他的学术研究，提倡言必有证，正如他在《张子正蒙注》中说："言天者征于人，言心者征于事，言古者征于今，所谓修辞立其诚也。"这种严谨求实的精神，不仅体现在他"太虚一实，体用俱有"的宇宙观上，在他的经学研究中亦有明显反映。例如对《周易》的研究，历来多穿凿附会之说，而王夫之对《易》学加以改造，并作《周易稗疏》《周易考异》，对一些不实之词加以修正。不唯经学，王夫之在治史方面亦考校精详，征其虚实。他博览史籍，深入了解治乱兴衰和典章制度，又特别重视调查研究，详细搜集"人之所忽"，掌握第一手材料，然后从具体史实出发展开研究。王夫之的严谨求实精神，还反映在他对待学术理论批评对象的评价上。例如于佛老二氏之书，他一方面"入其垒"而"见其瑕"，指出佛老之学的错误之处；另一方面又吸取其中合理的因素，为己所用，如认为庄子"藏山"、佛氏"刹那"之旨，"其言要为不诬"，对老子思想亦多有肯定。

4. 奋力创新

王夫之作为一位思想大师的可贵之处在于，他既对中国传统的思想学术进行全面系统的总结，又没有被前人的思想理论所束缚，而是"推故而别致其新"，在总结的基础上进行大胆的学术创新，在知行论、人性论以及历史观等诸多方面都提出了自己的创见。他在居所自题的堂联"六经责我开生面，七尺从天乞活埋"就表明了他凛然大义的崇高气节以及对中华传统文化继往开来的历史责任感。以《张子正蒙注》为例，由于他推崇张载，自然吸收其合理的思想成分，但他并没有生硬照搬，而是在继承的基础上加以修正改造，并在新的时代条件下阐发出自己的哲学思想。如对张载"太虚无体，则无以验其迁动于外"的观点，王夫之便作了"虚空即气，气则动者也"的发挥，指出太虚是气的实体，气是运动不息的，离开了气，运动也就无从谈起。这里，王夫之的元气运动观就比张载阐发得更加深刻明确。

综观王夫之的学术研究，涉及哲学、史学、道德伦理、政治、经济、宗教、文学等诸多领域，并在中国思想学术史上达到了前所未有的高度。通过总结他的学术精神，我们进一步认识到这位伟大的思想家留下的精神遗产因何能够历久弥新。

人物小传

王夫之（1619—1692），明清之际思想家，湖南衡阳人。晚年居衡阳之石鼓山，学者称船山先生。其一生坚持爱国主义和唯物主义的战斗精神，至死不渝。学术成就很大，对天文、历法、数学、地理学都有所研究，精于经学、史学、文学。主要贡献是在哲学上总结和发展了中国传统的唯物主义。善诗文，也会词曲，其论诗多独到见解。著作经后人编为《船山遗书》，其中在哲学上最重要的有《周易外传》《尚书引义》《读四大全说》《张子正蒙注》《思录内外篇》《黄书》《噩梦》等。

创皇帝读书之最——康熙谈阅读

康熙帝曾言："读书一卷，即有一卷之益；读书一日，即有一日之益。"明清两代皇帝，在登基之后，除处理政务、躬身祭祀之外，阅读是其生活中的一项重要内容。他们在作为嗣君继位之前曾受到良好的教育，老皇帝为其延请名师，并进行严格的教育管理。清代皇帝出身满族，入主中原后，为统治全国，更需如饥似渴地学习。清代皇帝的读书好学，以康熙帝为最。

康熙帝5岁开始读书，8岁读《大学》《中庸》。他在少年时曾因读书而致吐血。康熙帝33岁时（康熙二十三年），在巡游的船上，仍然苦读不倦，当侍臣奏请要注意休息时，他说："深味古今义理，足以愉悦我心。予之不觉疲劳，以此故也。"他到晚年时，仍然孜孜不倦地坚持学习。正如他在《庭训格言》中所说："朕自幼好看书，今虽年高，犹手不释卷。诚以天下事繁，日有万机，为君者一身处九重之内，所以岂能尽乎！时常看书，知古人事，庶可寡过。"

康熙帝读书的兴趣十分广泛，除经、史、子、集以外，天文、地理、历法、算术、军事、法律、音乐、美术、医药，无不涉猎，经他"钦定"的图书有《古今图书集成》《康熙字典》《佩文韵府》《渊鉴类函》《古文渊鉴》《子史精华》以及《朱子全书》等。他一生临摹的法帖，多达1万多张；为庙宇题匾，多达1000多件。他还特别注重学习自然科学，向法国传教士张诚等学习欧几里得的《初等几何》和阿基米得的《应用几何学》，学习来自西方国家的天文、地理、生理解剖等方面的最新科学知识。

康熙帝不仅要求自己多读书，而且严于教子读书，这也可以看作是他读书好学的影子。

试想，一个皇帝，日理万机，照一般人的理解，哪有精力读书？

哪有时间身体力行地教子读书？康熙帝"活到老，学到老"，抽出那么多时间读书，而且知识面如此之广，古今罕见。他在位61年，是我国历史上一位功业卓著的政治家，在统一祖国、发展生产、加强民族团结和抗击外来侵略方面作出了重大的贡献。这样的文治武功，与其从青少年时代起直到老年整整一生勤奋好学是分不开的。正如他在《庭训格言》中所说："于典谟训诂之中，体会古帝王孜孜求治之意，即欲使古昔治化，实现于今。"抱着从中求得治国之道的读书目的，再如此努力，哪能没有很大的收获呢？

人物小传

从《康熙起居注》一天的记载中，能够看出康熙帝是如何教子读书的。这一天的卯时（上午五至七时）：皇子进入学堂，师傅行过礼后，皇子开始背诵儒家经典《礼记》。遵照皇父"书必背足一百二十遍"的规定，每背一遍，画一记号，背足遍数，师傅检查，一字不错之后，另画一段背诵。辰时（上午七至九时）：康熙帝御门听政之后，来至学堂，拿起书本，令子背诵，果然一字不错。已时（上午九至十一时）：皇子伏案写字，书写汉字数百、满文一章。午时（上午十一时至下午一时）：皇子吃午饭并赐师傅饭食，饭后不休息，继续正襟危坐，背诵新课一百二十遍，然后由师傅检查。未时（下午一至三时）：至户外庭院弯弓射箭，既为体育，又能习武。申时（下午三至五时）：康熙帝再至学堂，令诸皇子进前背书、疏讲。酉时（下午五至七时）康熙帝命诸皇子在庭院较射，并亲自弯射，连发皆中，以为示范。时天色已晚，一天课业结束。据官书记载，皇太子读书，不论寒暑，无一日间断。

康熙（1654—1722），姓爱新觉罗，名玄烨，清朝第二代皇帝。他一生苦研儒学，提倡程朱理学，开博学鸿儒科，设馆纂修《明史》，编纂《古今图书集成》《全唐诗》《佩文韵府》《康熙字典》等。康熙六十一年（1722）死于畅春园，葬于清东陵之景陵。享年69岁，在位61年，庙号清圣祖。

篇篇都读，就成了没分晓的钝汉——郑燮谈阅读

郑燮在给堂弟郑墨的信中曾这样说道："读书以过目成诵为能，最是不济事。眼中了了，心下匆匆，方寸无多，往来应接不暇，如看场中美色，一眼即过，与我何与也。"郑燮认为，以为自己有过目成诵的聪明就逞能，最不济事。孔子读《易经》至编竹简的皮绳断了好几次，苏东坡读《阿房宫赋》至深夜四鼓，都不以过目能记就了事。不过，也不能什么都读都记，如《史记》以《项羽本纪》中的巨鹿之战等是最好文章，宜反复诵读。篇篇都去读，就成了没分晓的钝汉。总结起来，郑燮的阅读方法有4个特点。

1. 学与问

他不满足老坐书斋死读书，自谓"非闭门读书者"，喜欢走出家门，千里漫游，广泛结交朋友，相互切磋学问。他的好友如长安无方上人、郡王慎允禧、文学家袁枚、"扬州八怪"诸友等，他们志同道合，常在一起"纵横议论析时事，如医疗疾进药方"，朋辈们的真知灼见使他受益匪浅。

2. 攻与扫

"攻"指攻克书中重点，掌握精华；"扫"指扫除难点，扫清障碍。对重点书他"反复诵观"，不相信有所谓过目成诵的神童。郑燮36岁那年曾住兴化天宁寺，与同学陆白义、徐宗于比赛，看谁能将"四书"熟读而默写出来。他每天背诵默写十多页，花了一个多月默写出《论语》《孟子》《大学》《中庸》各一部，既攻读了儒家经典著作，又学习研究书法艺术。

3. 精与多

他主张读书以精为本，以精运多："板桥居士读书，求精不求多。非不多也，唯精乃能运多，徒多徒烂耳。"（《板桥自序》）他继承孔子读书"以安百姓"的思想，提出读书要"有补民生国计"。鉴于此，他读书"求精求当"，"当则粗者皆精，不当则精者皆粗"。精还指探究精义，他提倡读书要精研，"微言精义，愈探愈出，愈研愈入"。

4. 学与创

他主张阅读应独立思考，"诚知书中有书，书外有书"，"读书要有特识。依样葫芦，无有是处。"他曾刻有一方印"郑为东道主"，以示他要超越前人，走自己的路。在诗词方面他推崇杜甫的"忧国忧民忽悲忽喜之情"，说"少陵诗高绝千古"；批评王维、赵子昂单纯抒发个人情感："试看其平生诗文，可曾一句道着民间痛痒?"在绘画上他主张"十分学七要抛三，各有灵苗各自探"，即便是他所推崇的徐渭、石涛等大师，他表示也只能"学一半，撇一半，未尝全学，非不欲全，实不能全，亦未必全也"。

人物小传

郑燮（1693—1765），字克柔，号板桥，江苏兴化人，应科举为康熙秀才，雍正十年举人，乾隆元年进士。官山东范县、潍县知县，有政声"以岁饥为民请赈，忤大吏，遂乞病归"。做官前后，均居扬州，以书画营生。擅画兰、竹、石、松、菊等，而画兰、竹50余年，成就最为突出。取法于徐渭、石涛等，而自成家法，体貌疏朗，风格劲峭。工书法，用汉八分杂入楷行草，自称"六分半书"。并将书法用笔融于绘画之中。主张继承传统"十分学七要抛三""不泥古法"，重视艺术的独创性和风格的多样化，所谓"未画之先，不立一格，既画之后，不留一格"，对今人仍有借鉴意义。诗文真挚风趣，为大众所喜诵。亦能治印，"接近文何"。有《郑板桥全集》《板桥先生印册》等。

读书要善于取其神——袁枚谈阅读

清代诗人袁枚12岁便中了秀才，有人说这是因为他天资聪颖。对此，袁枚却说："不读者，便是低天分。"意思是说，自己并非天分高，如果也算有点天分，那都是从书中得来的。此后，他不再满足儿时蜘蛛式的学习、蚂蚁式的食而不化，而决心像蜜蜂那样善于采集，善于消化。归纳起来，袁枚有以下一些阅读心得。

1. 广读博览，力避偏废

曾有一位青年羡慕袁枚年少入泮，向他请教学习秘诀，读哪些书成效大。袁枚用手指着房屋说："学问之道，四子书如户牖，九经如厅堂，十七史如正寝，杂史如东西两厢，类书如橱柜，诸子百家诗文词如书舍花园。各有妙用，是皆不可偏废。"他见青年连连点头，又叮嘱道："文尊韩，诗尊杜，犹登山者必上泰山，泛水者必朝东海也。然使空抱东海、泰山，而此外不知有天台、武夷之奇，潇湘、镜湖之胜，则亦泰山上之一樵夫，渔船上之一船工而已矣。学者当以博览为上。"

2. 读书要善于取其神

一次，袁枚同他的老师谈到杜甫，袁枚说："杜甫所以能'下笔如有神'，在于'读书破万卷'。"老师不语，要他解释"读书破万卷"。袁枚不解老师用意便说："广读才会有收获，世人所以不如古人者，为其胸中书太少。"老师摇摇头说："我辈所以不如古人者，为其胸中书太多。"袁枚听后疑惑不解，老师接着说："韩愈曾说非三代、两汉之书不敢观，就是说读书要精呀！"袁枚又问："何以少陵有破万卷之说？"老师拈须微笑说："此话贵在一个'破'字，一个'有神'，破其卷，取其神，非囫囵而用其糟粕也。"说着用手指指门外山上采桑的妇女和在门前花坛上忙着采花的蜜蜂。袁枚茅塞顿开，笑着说："蚕食桑而吐者丝，非桑也；蜂采花而所酿者蜜，非花也。读书如吃饭，善吃者长精神，不善吃者生痰瘤。"从这以后，袁枚读书的着重点就在于：不仅博览，而且取神。

3. 一边读，一边背，一边摘

他把这种方式比作蜜蜂采百花才酿蜜，大庖厨备万种禽畜方可做美味佳肴。这一良好的读书习惯他一直保持着，63岁时曾写一诗，诗题说："平生观书必摘录之，岁月既多，卷页繁重，存弃两难。"从这话可以看出他所做的读书摘录之多。

4. 终日消磨一卷书

袁枚的书房内挂着这样一副对联："读书已过五千卷，此墨足发三十年。"但他并不厌倦，还是一刻不停地读书，他感到"一日不读书，如做负心事；一书读未竟，如逢大军至"。其实他的家中已是"书堆至万卷，岂无三千斤"。他整日埋头于书中，仍不时地感叹"如何藏之腹，重与凡人均"。有人说他山居50年，未尝一日废书，这并非过誉。其妻见他年事已高，仍整日读书，未免可怜，就故意嘲笑他说："反正你也不想再求功名，何不沉湎歌舞，欢欢喜喜呢？"袁枚听后，觉得此话不无道理，便钻出书房到外面随意走走。可是未过多久，他又不知不觉地走进了屋，坐下读书，评点诠释。妻子看了只好叹口气，摇摇头。每当此时，袁枚也跟着叹口气说："似乎未死前，我法当如是。"

人物小传

袁枚（1716—1797），字子才，号简斋，又号随园老人，浙江钱塘（今浙江杭州市）人，清代诗人。乾隆四年（1739）进士，选庶吉士，曾任溧水、江浦、江宁等地知县。辞官后定居江宁，在小仓山下筑随园，自号"随园老人"，优游其中近50年。著名诗评有《随园诗话》。还有笔记体志怪小说专集《子不语》，虽然其中有些迷信色彩的东西，但文笔流畅，叙事简洁婉曲。散文名篇有《黄生借书说》《书鲁亮侪》等。

由点到面，博专结合——曹雪芹谈阅读

清代伟大的文学家曹雪芹是个多才多艺的人，不仅创作了不朽的文学名著《红楼梦》，而且精于书画，对医学也十分在行。他的阅读方法是怎样的呢？在《红楼梦》中，他借林黛玉之口道出了其中的奥妙。

《红楼梦》第四十八回中香菱向黛玉请教怎样作诗的时候，林黛玉介绍说："我这里有《王摩诘全集》，你且把他的五言律一百首细心揣摩透熟了，然后再读一百二十首老杜的七言律，次之，再读李青莲的七言绝句一二百首，肚子里有这三个人做了底子，然后再把陶渊明、应、刘、谢、阮等人的看一看……不用一年的工夫，不愁不是诗翁了。"林黛玉这里介绍的是一种学习方法，这一读书方法包含3层意思：

1. 选好突破口。她给香菱选择的突破口是《王摩诘全集》，要求集中精力予以攻破，直到揣摩透熟。

2. 掌握重点。也就是打开缺口以后，再下苦功夫掌握重点，如杜甫的七律、李白的七绝。

3. 循序渐进。即在打开缺口、建立根据地后，乘胜追击，向面上扩展，泛读有关的书，这样由点到面，由专到博，"不用一年工夫，不愁不是诗翁了"。香菱照着黛玉的方法读书，一年后果然"不会作诗也会吟"了。

曹雪芹的另一个重要见解，就是要精读名著。要下苦功精读几本最基本的、比较能照顾全面的专业书。对这类书要反复阅读，反复思考，读时多费力，终身能受益。

人物小传

　　曹雪芹（？—1763），字梦阮，号雪芹、芹圃、芹溪，清代小说家。自曾祖起，3代任江宁织造，其祖曹寅尤为康熙帝所信用。雍正初年，在统治阶级内部政治斗争牵连下，雪芹家受到重大打击，其父被免职，产业被抄，遂随家迁居北京。他早年经历了一段封建大官僚地主家庭的繁华生活，后因家道衰落，趋于艰困。晚期居北京西郊，贫病而卒，年未及五十。性情高傲，嗜酒健谈，具有深厚的文化修养和卓越的艺术才能。他生活在我国已有资本主义萌芽的封建末世，在其后期又有机会接触到下层人民，因而对当时社会阶级斗争和思想斗争有较具体的感受，看到了统治阶级的腐朽凶残和内部的分崩离析。曾以 10 年时间，从事《石头记》（即《红楼梦》）的创作。书中通过对一个贵族官僚大家庭的盛衰历史的描写，塑造了许多典型人物形象，对当时社会的黑暗腐败进行了深刻的解剖和批判，并热情地歌颂了具有异端思想的男女青年，成为我国古典小说中伟大的现实主义作品。

读书要专而有恒——曾国藩谈阅读

曾国藩对于阅读求学方面的方法和经验，主要集中在他的家书中，比较琐碎。这里摘要归纳几点：

1. 阅读必须要专一

读书求学一定要注意专一，这是曾国藩一再强调的。他把这一点列为"于读书之道，有必不易者数端"之首，可见其重视的程度。这里不仅是指读书心思之专，而且也是指阅读范围之专。如他读书，读得最多的是经、史。但对经、史这类书，他仍强调要专门阅读，不可拉杂。正如他在给兄弟的信中所说："穷经必专一经，不可泛骛。"意思是说，如要彻底穷究弄通经学的道理，必先专究一经，不要再分心其他东西。

不仅是读经、史要专一，即使是读诸子百家和文学作品，也要有专一的态度和方法。他在给六弟的信中说："若夫经史而外，诸子百家，汗牛充栋。或欲阅之，但当读一人之专集，不当东翻西阅。如读《昌黎集》，则目之所见，耳之所闻，无非昌黎。以为天地间，除《昌黎集》而外，更无别书也。此一集未读完，断断不换他集，亦专字诀也。六弟谨记之。"当时他的六弟正在学诗，并准备从元好问编选各家诗作的《中州集》入手，曾国藩在给他的回信中虽不反对，但以他的目光来看，还是认为读一人的专集为好。他说："学诗从《中州集》入亦好。然吾意读总集，不如读专集。"他甚至还提出"经则专守一经，史则专熟一代"的主张。

2. 阅读要求明白理解

除了对书要从头至尾通读一遍外，曾国藩认为还应该求得明白和理解，方为读过。他在给儿子的信中说："尔读书记性平常，此不足虑。所虑者第一怕无恒，第二怕随笔点过一遍，并未看得明白。此却是大病。若实看明白了，久之必得些滋味，寸心若有怡悦之境，则自略记得矣。尔不必求记，却宜求个明白。"

简要一些说，曾国藩认为阅读一本书，能求个明白，得个理解，比记住一些内容还重要。对于读古代的诗文，不仅要识其貌，而且要观其神。

3. 阅读要有恒

除了专一以外，曾国藩强调的另一个阅读方法便是有恒。他认为一个人每天读书不在于过多、过猛，而在于有恒。他这个观点在教人学书法时曾谈起过，在教人读书方法时也一再强调。他在给六弟的信中说："每日习字不必多，作百字可耳。读背诵之书不必多，十页可耳。看涉猎之书不必多，亦十页可耳。"

4. 阅读要看、读、写、作四者皆备

这种说法很少听到，但曾国藩在给儿子的信中提出来了。他说："读书之法，看、读、写、作四者每日不可缺一。看者，如尔去年看《史记》《汉书》、韩文《近思录》，今年看《周易折中》之类是也。读者，如《四书》《诗》《书》《易经》《左传》诸经，《昭明文选》，李、杜、韩、苏之诗，韩、欧、曾、王之文，非高声朗诵则不能得其雄伟之概，非密咏恬吟则不能探其深远之韵。"至于"写"，指书法写字，认为看、读以后能像练书法似的加以摘要抄写，则最好；至于"作"，是指练习一类的习文作诗，把看、读、写（做笔记）列为读书方法，前人尚可看到，而曾国藩把"作"（作文习诗）也列为读书方法中的一个环节，是很新鲜的，不能不说是他的一个发明。

5. 读书要连贯，不要随意乱跳乱翻

曾国藩虽政务繁忙，但他还是尽量抽出时间读书，无论读《后汉书》还是《王荆公文集》，都是日复一日地从头到尾地看，从不间断，也从不跳跃。他在给六弟的信中说："无论何书，总需从首至尾通看一遍。不然，乱翻几页，摘抄几篇，而此书之大局精处茫然不知也。"

曾国藩虽然不是一个纯粹的文人，但自幼读书习文，深知读书的重要，也有一些阅读的经验，再加上他的知名度，因而他有关读书方法和治学之道的家书对后人影响不小。他所提出的一套学习方法，虽

然仍有浓厚的传统色彩，但其中所说的读书贵专一和有恒，特别是强调深刻理解和"看、读、写、作"四者不可缺一的阅读方法，对我们今人仍有一定启发意义。

人物小传

曾国藩（1811—1872），字伯函，号涤生，是中国历史上有巨大影响的人物之一。他从湖南一个小山村以一介书生入京赴考，中进士留京师后10年7迁，连升10级，37岁任礼部侍郎，官至二品。紧接着因母丧返乡，恰逢太平天国巨澜横扫湘湖大地，他因势在家乡拉起了一支特别的民团湘军，历尽艰辛为清王朝平定了天下，被封为一等勇毅侯，成为清代以文人而封武侯的第一人，后历任两江总督、直隶总督，官居一品，死后被谥"文正"。曾国藩毕生服膺程朱理学，又主张兼取各家之长，认为义理、考据、经济、辞章四者不可缺一，但始终将理学放在首要地位。于古文、诗词也很有造诣，被奉为桐城派后期领袖。后人辑其所著诗、文、奏章、批牍等为《曾文正公全集》。

志患不立，更患不坚——左宗棠谈阅读

　　左宗棠一生戎马生涯，驰骋沙场，立下了赫赫战功。然而，就在他征战南北的日子里，几乎是卷不离手，并没有因战事而倦怠过阅读学习。他曾说："学业才识，不日进，则日退。必须随时认真思考，狠下功夫。事无大小，都有一定的必然之理，及物穷理，何处不是学问？"

　　他还提到，有大的志向没有大的才干是不会取得成功的，而大的才干只能从学习中得来。学习不是仅停留在记忆、背诵上面，而是要探究事物的所以然，融会贯通，如亲身实践。隐居在南阳的诸葛亮一出山就做丞相，淮阴侯韩信一出道就被任命为大将，这固然因为他们是盖世雄才，但他们的才干都是平时坚持学习的结果，有远大抱负的人读书就应当如此。左宗棠一生关于阅读的言论很多，但他最强调立志对读书的作用。他在自己的文章中表达了"志患不立，更患不坚"这个主题。

　　读书要眼到、口到、心到。许多学生不看清笔画、偏旁，不弄清句号、逗号、首尾，就是没做到眼到。发音马虎不仔细，听不明白，有时多几字，有时少几字，只想混过，是没做到口到啊！古书经传中的道理，刚学固然不能融会贯通，但是了解个大概，应不困难；稍微用心，追究每一字的意思，每一句的道理，每一事的来龙去脉，把握虚字的感情语气，推求实字的意义和道理，自然渐渐能够有所领悟。自己想不出来时，就请教老师；不能融会贯通时，就要把上下文或其他相关的资料综合连贯，一再推敲。一定要心里明白了，口里清楚了，才可罢休。总是要用心于字句文章之中，不断思考分析，才算做到心到。

　　现在有许多学生阅读不用心，人在书桌前，没有用心听，没有仔细看，不能专心致志。白白浪费时间，好像读书是应付别人，敷衍别人的事情。昨天不会的，今天仍是不会，去年不会的，今年还是一样。

读书做人首先要立志，想想自古以来的圣贤豪杰在自己这个年纪时是什么气概？什么学问？什么才干？我哪一样可和他们相比？想想父母请老师教自己读书，有什么期望？自己哪一样可以对得起父母？看看同辈的人当中，父母常在背后称赞的是哪些优点、责骂的是哪些缺点呢？好的要学，坏的一定不可学。每个念头、每件事情都要学好；自己的缺点，务必尽力反省改过，绝不可有一点偏袒、掩饰，或姑息苟且。一定要和古代圣贤豪杰年少时一样有志气，才可使父母放心，不被人讥笑。

一个人就怕不立志，更怕立志不坚定。有时听到好话、好事，也不禁心中感动，想要效法，但不过多久，这个念头就无影无踪了。这是因为志向不坚定，不能真正立志的缘故。若能专心上进，什么事业会不成功？

陶侃说过："圣贤大禹都爱惜光阴，我们这些平凡人更要发愤，爱惜光阴。"古人如此惜时用功。韩愈也说："学业由于勤奋而精进，由于擅戏而荒废。"任何事都是这样，而读书更要勤勉、下苦功，是什么缘故呢？因为医、农、工匠各行各业都只是一件事而已，道理还容易明白。至于我们读书人，以天下为己任，宇宙、古今的事理都要融会贯通，彻底领会，才能做事情稳当。

人生读书的时代最可贵。青少年未来成才不成才，就看这几年的工夫。如果仍像以前一样浑浑噩噩地混日子，再过几年以后，还是老样子，那时还能够用读书的名义冒充读书人吗？好好想一想，好好想一想呀！

人物小传

左宗棠（1812—1885），字季高，湖南湘阴人，清大臣，洋务派首领，早年就读于岳麓书院。相继任浙江巡抚、闽浙总督、陕甘总督、两江总督等职。先后开办福州船政局、兰州制造局。1884 年（光绪十年）督办福建军务，抗击侵略者。卒后归葬于长沙石门乡相竹村。后人辑有《左文襄公全集》。

不可一日无书——孙中山谈阅读

孙中山先生一生喜欢阅读，他经常说："余一生爱好，除革命外，唯有读书而已。余一日不读书，即不能生活。"

孙中山少年时代读的是私塾，私塾是不教地理的，他从未见过地图，不了解天下有多大，直到 13 岁时在大哥孙眉那里看到一张地图。从此，他把了解中国和世界大事与钻研地图联系起来，以后他在广州和香港读书时，更是埋头钻研地理，学画地图，甚至在帐顶上也挂着地图，以便睡觉前观览。辛亥革命后的一天，他和友人谈起发展交通运输事业的开港问题，他从箱中取出一幅长七八尺、宽五六尺的长江流域图，侃侃而谈长江某处水势深浅，某处可建大港。友人惊异于中山先生丰富的地理知识，对他为关怀国家命运而钻研地理的热忱深表敬佩。

1896 年，孙中山先生在伦敦蒙难脱险后，每天都到英国博物馆、图书馆阅读书籍，晚上读得累了就伏在书桌上稍稍休息一会儿，醒来继续攻读。他养成了勤学的习惯，即使在亲临前线指挥作战时，也仍然带着书籍，战事一停，他又"从容不迫，取所携之书读起来"了。革命与读书，是孙中山先生不可缺少的生活内容。

孙中山先生不管走到哪里，藏于竹篑而时刻不离身的，并非手枪子弹，而是书籍。二次革命失败后，他到日本，随身带了 6 只皮箱，日本刑警以为他这次一定带来了很多钱。过了一段时间，中山先生打开皮箱晒东西时，大家一看，全部都是书，莫不惊愕起来，刑警也只得向上级报告说："孙中山的 6 只皮箱里装的不是银元、美钞，而是书籍。"

人物小传

孙中山（1866—1925），幼名帝象，学名文，字德明，号日新，后改号逸仙，旅居日本时曾化名中山樵，"中山"因而得名，伟大的民主革命先行者。他出生于广东香山翠亨村一个普通的农民家庭，1892年从香港西医书院毕业后，在澳门、广州行医，并致力于救国的政治活动。1894年赴檀香山，创立兴中会，提出"驱除鞑虏，恢复中华，创立合众政府"的主张。1905年在东京成立中国同盟会，系统地提出三民主义思想。1911年10月10日武昌起义，得到各省响应，导致清朝专制统治的覆灭，是为著名的"辛亥革命"。1912年元旦，孙中山在南京就任中华民国临时大总统，创立了中国历史上第一个共和政体。1919年改组中华革命党为中国国民党。1924年冯玉祥发动"北京政变"，孙中山应邀北上，共商国是。1925年3月12日，因肝癌不治，逝世于北京。

读书四字诀——蔡元培谈阅读

蔡元培先生的一生，和书结下了不解之缘。关于他的阅读治学态度，曾流传着几则小逸闻。

1. 为了说明阅读方法的重要，蔡元培曾说，吕洞宾用手指点石成金送给穷人，但这穷人不要。问他为什么不要金子，他说要吕洞宾的指头，因为可点出无数金子。这种想法从道德上来说固然要不得，但就求学而言，是最不可少的。

2. 蔡元培任北京大学校长时，有次他突然问学生："5 加 5 是多少？"学生以为校长所问必有奥妙，都不敢作答。好一会儿，才有一学生率直地说："5 加 5 等于 10。"蔡笑着说："对！对！"并鼓励说："青年们切不要崇拜偶像！"

3. 蔡元培早年在商务印书馆著译图书时，曾因说"四书五经不合教育体裁"而受到张之洞的指责。出书时为免清廷干涉，蔡借夫人黄世振之"振"字，署名为"绍兴蔡振"。

4. 蔡元培主持爱国女学校时，教科书常渗革命内容，如历史授法国革命史、俄国虚无党（无政府主义者）故事，理化则注重炸弹制造等。

5. 蔡元培书房中挂有自己的画像，上面题有："其为人也，发愤忘食，乐以忘忧，亦不知老之将至。"在书桌上放有自己写的"学不厌，教不倦"数字。

蔡元培之所以能在各领域中取得令人瞩目的成就，并能够走在时代的前端，以一种气势恢宏的包容态度吸纳了一批民族的精英，和他在学识上贯通中西有着很大的联系。他在 40 岁未出国以前，曾阅读西书的翻译本及日文书；40 岁以后曾赴德、法等国留学，对西方学术的兴趣甚为广泛，学问相当广博，尤其对于实验心理学、比较文明史、美学等颇具心得，而在美学方面的造诣尤深。他曾发表有关美育方面的文章多篇，日后更将美感教育列入教育宗旨。此外，他对于西方的科学精神和方法也有深切的认识。不过，蔡元培对于西方的学术并非只是一味吸收，而是加以消化和批判，而且和中国旧学加以比较，贯通了中西的学问。他不讳言中国文化的缺点，但也批评西方文化的弊病；他虽然主张吸收欧美文化，但并非无条件地模仿，而主张有选择地吸收；他又主张融合中西文化的长处，创造适合时代的新文化。

蔡元培一生勤于阅读，善于治学。他将自己的阅读方法总结为四字诀："宏、约、深、美"。

1. "宏"，是指知识结构要博大宏伟，兼收并蓄，了解各门学科之间的内在联系，融会贯通，以打下广博而坚实的知识基础。蔡元培当过翰林，国学功底深厚，又多次留学，学贯中西，广泛研究文学、历史、哲学、美学、教育学、心理学、伦理学等。他曾把各种学术归纳为有形理学、无形理学及道学三大类而详加论列。

2. "约"，指由博到约，精于一门。一个人的生命与精力毕竟有限，基础打好后，便要从十八般兵器中选择一两件最合手的，否则精力分散，一事无成。蔡元培博于各科，最后"约"于教育，他广泛搜集、阅读各种教育书刊，研究各国教育制度和学校课程，指导中国教育改革。1912 年 2 月他出任教育总长伊始，就发表了《对于教育方针之意见》，并主持制定与颁布了中国第一个资产阶级性质的教育制度，相继出台《小学校令》《中学校令》与《大学令》，对几千年来的封建教育制度进行了全面改革，规定了各年级的课程，废止强迫学生"读经讲经"，增加了自然科学课程，实行男女同校，在短短的半年时间里办了大量推动中国教育进步的大事。

3. "深"，指精通、发展、创造，在"约"的前提下重点突破，究本穷源，有所发现。在教育改革中，蔡元培批判了封建教育的忠君、尊孔方针，为培养共和国国民健全的人格，提出在学校应实行军国民教育（体育）、实利主义教育（智育）、公民道德教育、世界观教育和美育"五育"并举、协调发展的方针。这"五育"，包含了德、智、体、美全面发展的思想，表达了蔡元培关于培养青少年的最高理想。

4. "美"，是指一种最高精神境界。在治学中付出巨大的劳动，才能步入这一理想境界，从而陶冶人的情操，净化人的心灵，使人变得高尚。1917 年，年正半百的蔡元培就任北京大学校长。他大胆提出了"思想自由，兼容并包"的主张，起用陈独秀担任北京大学文科学长，李大钊、鲁迅、胡适、钱玄同等一批新派人士都在北大教课。他主持北大工作虽只有 6 年多，却使北大成为当时新思想的摇篮，成为五四新文化运动的发源地，呈现一派百家争鸣的繁华景象。北京大学的改革，是蔡元培教育思想的实验田，在治校中他的思想、道德、文章与事业逐渐进入美的境界。

人物小传

蔡元培（1868—1940），字鹤卿，号孑民，生于浙江绍兴府山阴县，近代民主革命家、教育家、科学家。蔡元培是 20 世纪初中国资本主义教育制度的创造者。他提倡学术自由，科学民主。他的改革主张和措施，在北京大学推行之后，影响全国，对近现代中国教育、中国革命作出了不可磨灭的贡献。自蔡元培始，中国形成了较完整的资产阶级教育思想体系和教育制度。他的"思想自由，兼容并包"的主张，使北大成为新文化运动的发祥地，为新民主主义革命的发生创造了条件，也为中华民族保护了一批思想先进、才华出众的学者。

学问之趣味——梁启超谈阅读

梁启超曾倡导文体改良的"诗界革命"和"小说界革命"。早年所作政论文，流利畅达，感情奔放，颇有特色。他学识渊博，著述涉及政治、经济、哲学、历史、语言、宗教及文化艺术、文字音韵等。其著作编为《饮冰室合集》。他曾撰文对"学问之趣味"作过专门的探讨。下面让我们一起来听听他的自述：

"学问的趣味，是怎么一回事呢？这句话我不能回答。凡趣味总要自己领略，自己未曾领略得到时，旁人没有法子告诉你。佛典说的：'如人饮水，冷暖自知。'你问我这水怎样的冷，我便把所有形容词说尽，也形容不出给你听，除非你亲自喝一口。我这题目《学问之趣味》，并不是要说学问是如何如何的有趣味，只是要说如何如何便会尝得着学问的趣味。

"诸君要尝学问的趣味吗？据我所经历过的，有下列几条路应走：

"1. 无所为而为

"趣味主义最重要的条件是'无所为而为'。凡有所为而为的事，都是以另一件事为目的而以这一件事为手段。为达目的起见，勉强用手段；目的达到时，手段便抛却。例如学生为毕业证书而做学问，著作家为版权而做学问，这种做法便是以学问为手段，便是有所为。有所为虽然有时也可以为引起趣味的一种方法，但到趣味真发生时，必定要和'所为者'脱离关系。你问我：'为什么做学问？'我便答道：'不为什么。'再问，我便答道：'为学问而学问。'或者答道：'为我的趣味。'诸君切勿以为我这些话是故弄玄虚，人类合理的生活本来如此。小孩子为什么游戏？为游戏而游戏。人为什么生活？为生活而生活。为游戏而游戏，游戏便有趣；为体操分数而游戏，游戏便无趣。

"2. 永不止息

"'鸦片烟怎样会上瘾?''天天吃。''上瘾'这两个字,和'天天'这两个字是离不开的。凡人类的本能,只要哪部分搁久了不用,它便会麻木,会生锈。10年不跑路,两条腿一定会废了。每天跑一点钟,跑上几个月,一天不跑时,腿便发痒。人类为理性的动物,'学问欲'原是固有本能之一种,只怕你出了学校便和学问告辞,把所有经管学问的器官一齐打落冷宫,把学问的胃口弄坏了,便山珍海味摆在面前也不愿意动筷了。诸君啊!诸君倘若现在从事教育事业或将来想从事教育事业,自然没有问题,很多机会来培养你的学问胃口。若是做别的职业呢,我劝你每日除本业正当劳作之外,最少总要腾出一点钟,研究你所嗜好的学问。一点钟哪里不消耗了,千万不要错过,闹成'学问胃弱'的征候,白白自己剥夺了一种人类应享之特权啊!

"3. 深入研究

"趣味总是慢慢地来,越引越多,像倒吃甘蔗,越往下才越得好处。假如你虽然每天定有一点钟做学问,但不过拿来消遣消遣,不带有研究精神,趣味便引不起来。或者今天研究这样,明天研究那样,趣味还是引不起来。趣味总是藏在深处,你想得着,便要进去。这个门穿一穿,那个门张一张,再不曾看见'宗庙之美,百官之富',如何能有趣味?我方才说:'研究你所嗜好的学问。''嗜好'两个字很要紧。一个人受过相当教育之后,无论如何,总有一两门学问和自己脾胃相合,而已经懂得大概,可以作加工研究之预备的。请你就选定一门作为终身正业(指从事学者生活的人说),或作为本业劳作以外的副业(指从事其他职业的人说)。不怕范围窄,越窄越便于聚精神;不怕问题难,越难越便于鼓勇气。你只要肯一层一层地往里面钻,我保你一定被它引到'欲罢不能'的地步。

"4. 找朋友'碰撞'

"趣味比方电,越摩擦越出。前两段所说,是靠我本身和学问本身相摩擦,但仍恐怕我本身有时会停摆,发电力便弱了。所以常常要仰赖别人帮助。一个人总要有几位共事的朋友,同时还要有几位共学的朋友。共事的朋友,用来扶持我的职业,共学的朋友和共玩的朋友同一性质，都是用来摩擦我的趣味。这类朋友，能够和我同好一种学问的自然最好，我便和他搭伙研究。即或不然，他有他的嗜好，我有我的嗜好，只要彼此都有研究精神，我和他常常在一块儿或常常通信，便不知不觉把彼此趣味都摩擦出来了。得着一两位这种朋友，便算人生大幸福之一。我想只要你肯找，断不会找不出来。

"我说的这4件事，虽然像是老生常谈，但恐怕大多数人都不曾这样做。唉！世上人多么可怜啊！有这种不假外求、不会蚀本、不会出毛病的趣味世界，竟没有几个人肯来享受！古书说的故事'野人献曝'，我是尝冬天晒太阳滋味尝得舒服透了，不忍一人独享，特地恭恭敬敬地来告诉诸君，诸君或者会欣然采纳吧？但我还有一句话：太阳虽好，总要诸君亲自去晒，旁人却替你晒不来。"

人物小传

梁启超（1873—1929），字卓如，号任公，笔名主要有过哀时客、饮冰子、饮冰室主人、新民子、中国之新民等，广东新会人，中国近代资产阶级改良派的著名政治活动家、思想家、文学家和学者。他的一生，经历了晚清与民国两个时期；他的业绩，并包了政治和学术两个方面。梁启超自幼聪颖，4岁开始学习"四书五经"，9岁即能写出上千言的八股文章，12岁中秀才，16岁中举人。1890年，他17岁时，拜康有为为师，从康学习4年，受康有为的影响，开始探索挽救祖国危亡的变法维新之术。1894年6月，他随康有为入京参加会试。7月，中日甲午战争爆发，次年中国战败，签订了丧权辱国的《马关条约》。康有为、梁启超联合在京参加会试的1300多名举人，上书皇帝，要求拒签和约、迁都抗战、变法图强。这就是著名的"公车上书"。

治学三境界——王国维谈阅读

王国维在《人间词话》里谈到了治学经验，他说："古今之成大事业、大学问者，必经过三种之境界：'昨夜西风凋碧树。独上高楼，望尽天涯路。'此第一境也。'衣带渐宽终不悔，为伊消得人憔悴。'此第二境也。'众里寻他千百度，蓦然回首，那人却在灯火阑珊处。'此第三境也。"在《文学小言》一文中，王国维又把这三境界说成"三种之阶级"，并说："未有不阅第一第二阶级而能遽跻第三阶级者，文学亦然，此有文学上之天才者，所以又需莫大之修养也。"王国维所引词句第一为晏殊《蝶恋花》，第二为柳永《蝶恋花》，第三为辛弃疾《青玉案·元夕》。

上述 3 段词，本是 3 位宋词名家的名句，原本歌咏男女情爱之事。而王国维首次将它们连续引用，一气呵成，道出了读书人的执着追求，点明了大学问家登堂入室的 3 种境界，深为读书界所推崇。

这 3 种境界，正是王国维阅读治学的艰辛写照与经验总结。

1. 望尽天涯路：博览群书

王国维早年研究哲学，曾讲授过心理学、伦理学等课程；后由哲学转攻文学，27 岁时发表《红楼梦评论》；36 岁后又由文学转向史学。从哲学、美学、文学到历史、考古、音韵学、文字学，他广泛涉猎，其研究范围是多学科、多层次、多方位的。

2. 憔悴不悔：锲而不舍

王国维治学严谨求实，既继承"乾嘉学派"的朴实之风，又贯穿西方现代科学研究方法，几十年伏案埋首，甘坐冷板凳，殚精竭虑于国学研究。时人视他为"迂""呆"，但他无悔无怨，执着与迷恋，造就了他在学术上的"无我之境"，开拓了学术研究的新天地。

3. 蓦然回首：硕果累累

王国维做学问，往往从细微的小题目着手，但能独具慧眼，以小攻大，以小见大。他后期与罗振玉合作，专心致志于古代史料，研究出土的古器物、甲骨、青铜器、汉简，揭示古文字、简牍的秘密，成为早期"敦煌学"专家，郭沫若赞誉其卜辞研究是"新史学的开山"。1921年编著的《观堂集林》，是王国维学术成熟期的精华。

梁启超曾高度评价王国维："先生贡献于学术界之伟绩，其章章在人耳目。"王国维在学术上成就卓著，得力于他一生勤奋读书治学。一是根基深厚，少年时代饱读经史，对群经、诸子、西汉之书籍，全部烂熟于胸，奠定他在学问上的基础。二是追求新学，精通数种外国语言，又掌握社会学、哲学、宗教、历史、地理等科学新知识，遇事能迎刃而解。三是具有高超的鉴别能力与考证功夫，精通目录学、版本学及训诂、考据之学，对于真伪能洞见隐微，于丛杂芜残的故纸堆中推陈出新，驭繁就简。四是具有非凡的分析、考订、综合、类比的思维能力，以锐利的笔锋，攻克一个个学术堡垒。正因为具备上述优势，所以梁启超称他"故以之治任何专门之业，无所不可；而每有所致力，未尝不深造而致其极也"。

著名史学家陈寅恪在论述挚友王国维治学方法时概括了3条：一曰取地下之实物与纸上之遗文互相释证；二曰取异族之故书与吾国之旧籍互相补正；三曰取外来之观念与固有之材料互相参证。

王国维融古今中外文化于一体，"皆足以转移一时之风气，而示来者以轨则"。这正是王国维学术上的成功之道。

人物小传

王国维（1877—1927），字静安，号观堂，浙江海宁人，是我国近代享有国际盛誉的著名学者。他中过秀才，早年学习英、日文，研究哲学、文学，受到德国资产阶级唯心主义哲学和文艺思想的影响，其成果在我国近代文化学术事业上作出了一定的贡献。其生平著作甚多，身后遗著收为全集者有《王静安先生遗书》《王观堂先生全集》等。《人间词话》一书乃是王国维接受了西洋美学思想之洗礼后，以崭新的眼光对中国旧文学所作的评论，具有划时代的意义，向来极受学术界重视。他治史严谨，考证精湛，信而有征，不囿成见，主张以地下史料参订文献史料，多能发前人所未发，对史学界有开一代学风的影响。1925年，他任清华研究院教授，与梁启超、陈寅恪、赵元任并称清华四大导师、"教授的教授"。1927年他在北京颐和园投水自尽，给中国知识界留下了深深的遗憾，也留下了难解之谜。

从目录学入手——陈垣谈阅读

陈垣先生一生勤学不辍，在广泛涉猎的基础上，他逐渐由博到精，专攻佛、道、天主教等宗教史，以及元史、年代学等，取得创造性成就。陈垣先生自己坦言，这和自己的刻苦阅读有直接关系。

1961 年，陈垣在与北京师范大学历史系应届毕业生谈话中，介绍了自己的阅读治学经验。

"我读书是自己摸索出来的，没有得到老师的指导，有两点经验，对研究和教书或许有些帮助。

"一是从目录学入手，可以知道各书的大概情况。这就是涉猎，其中有大批的书可以'不求甚解'。

"二是要专门读通一些书，这就是专精，也就是深入细致，'要求甚解'。经部如论、孟，史部如史、汉，子部如庄、荀，集部如韩、柳，清代史学家书如《日知录》《十驾斋养新录》等，必须有几部是自己全部过目常翻常阅的书。一部《论语》才 13700 字，一部《孟子》才 35400 字，都不够一张报纸字多，可见我们专门读通一些书也并不难。这就是有博，有约，有涉猎，有专精，在广泛的历史知识的基础上，又对某些书下一些功夫，才能作进一步的研究。

"我们研究历史科学，需要知道的知识幅度很大，要了解古今中外，还要有自己较专门的学问。如果样样都去深钻，势必由于时间、精力有限，反使得样样都不能深、不能透。但是也不能只有专精，孤立地去钻研自己的专业，连一般的基础知识都不去注意，没有广泛丰富的知识，专业的钻研也将受到影响。学习历史也是如此，中国不是孤立于世界之外的，不了解世界历史，学中国史就必然受到限制，就不能很好地懂得中国。研究宋史，不知道整个中国历史发展过程，则宋史也学不通。研究任何朝代的断代史，都不能没有通史的知识做基础，也不能没有其他必要的各方面的知识。

"不管学什么专业，不博就不能全面，对这个专业阅读的范围不广，就很像以管窥天，往往会造成孤陋寡闻，得出片面褊狭的结论。只有得到了宽广的专业知识，才能融会贯通，举一反三，全面解决问题。不专则样样不深，不能得到学问的精华，就很难攀登到这门科学的顶峰，更不要说超过前人了。博和专是辩证的统一，是相辅相成的，二者要很好地结合，在广博的基础上才能求得专精，在专精的钻研中又能扩大自己的知识面。

"中国历史资料丰富，浩如烟海，研究的人不可能也不必要把所有的书都看完，但不能不知道书的概况。有些书只知道书名和作者就可以了，有些书要知道简单的内容，有些书则要认真钻研，有些书甚至要背诵，这就是有的要涉猎，有的要专精。世界上的书多得很，不能都求甚解，但是要在某一专业上有所成就，也一定要有'必求甚解'的书。

"同学们毕业之后，当然首先要把书教好，这是你们主要的任务；另外，在自修的时候，可以翻阅一下过去的目录书，如《书目答问》《四库总目》等。这些书都是前人所作，不尽合于现在使用，但如果要对中国历史作进一步的研究，看一看也还是有好处的。

"懂得目录学，则对中国历史书籍大体上能心中有数。目录学就是历史书籍的介绍，它使我们大概知道有什么书，也就是使我们知道究竟都有什么文化遗产，看看祖遗的历史著述仓库里有什么存货，要调查研究一下。如果连遗产都有什么全不知道，怎能批判？怎能继承呢？萧何入关，先收秦图籍，为的是可以了解其关梁厄塞、户口钱粮等，我们做学问也应如此，也要先知道这门学问的概况。目录学就好像一个账本，打开账本，前人留给我们的历史著作概况，可以了然，古人都有什么研究成果，要先摸摸底，到深入钻研时才能有门径，找自己所需要的资料，也就可以较容易地找到了。经常翻翻目录书，一来在历史书籍的领域中可以扩大视野；二来因为书目熟，用起来得心应手，非常方便，并可以较充分地掌握前人研究成果，对自己的教学和研究工作都会有帮助。

　　"有人说，有些青年基础知识差，这当然也是一个重要的问题。你们在校 4 年，虽然已经打下一些基础，但我们要更高地要求自己，今后还要在这方面多多注意。基础知识好比盖房时的地基，地基不打结实，房子就会倒塌。我国各行各业都有注意基本训练的优良传统，拳术、武术，初学时要花很多时间练好一招一势；戏剧科班，先学唱做念打，先练基本功。读书更是如此，古人读书，先背诵一些基本书籍，写字先学会拿笔和写字姿势，讲究横平竖直，作诗先学作联句对句，学习诗韵。研究一门科学，基本知识更是起码条件，不打好基础，就好像树没有根。当然前人对基本知识的要求与我们现在不同，但尽管有不同，基本知识总是应当注意的。如学习历史，就必须学会阅读古文，要至少学会一种外语，而且要有一定的写作能力，这都是必不可少的。大家在哪些方面还没学好，今后还要在这方面多多努力。

　　"要想获得丰富的知识，必须经过自己钻研和努力，没有现成的。只要踏踏实实地念书，就会有成绩，不要以为学问高不可攀，望而生畏，但也不能有不劳而获的侥幸思想。

　　"不管别人介绍多少念书经验，指出多少门径，他总不能替你念，别人念了你还不会，别人介绍了好的经验，你自己不钻研、不下功夫，还是得不到什么。而且别人的经验也不见得就适用于自己，过去的经验也不一定就适用于今天，只能作为参考，主要还是靠自己的刻苦努力。

　　"阅读的时候，要做到脑勤、手勤、笔勤，多想、多翻、多写，遇见有心得或查找到什么资料时就写下来，多动笔可以免得忘记，时间长了，就可以积累不少东西，有时把平日零碎心得和感想联系起来，就逐渐形成对某一问题较系统的看法。收集的资料，到用的时候，就可以左右逢源，非常方便。

　　"学习是不能间断的，更是不能停止的，要注意学习政治，学习马列著作、毛主席著作，并要经常学习党的政策。要趁着年轻力强的时候，刻苦钻研，努力读书，机不可失，时不待人。"

　　陈垣先生对大学生的一番推心置腹之谈正是他读书论学的真实写照。他自己摸索的读书方法不仅对刚出校门的学子有所启发，同时值得每一个人去借鉴。作为一位著述丰厚的史学家，他并没有囿于对史料知识的学习，而是进行多方面的涉猎，这无疑是正确的。除此，他建议学生们从目录入手，系统地把握史学脉络，方法切实可行。另外，他勉励学生要练好扎实的基本功，并做到脑勤、手勤、笔勤等，这些读书的切身体会为我们提供了宝贵的经验。

人物小传

陈垣（1880—1971），字援庵，出生于广东新会，著名史学家。早年在广州参加反清斗争。1907年考取美国教会办的博济医学院。1913年当选众议员，留居北京，从事历史研究和教育工作。1926年至1952年任辅仁大学、北京师范大学校长。为中国科学院哲学社会科学学部委员。1958年起为历届全国人民代表大会常务委员会委员。陈先生一生撰写史学专著和论文近200篇，是中国宗教史研究的开创者之一，对各种宗教均有深入研究。主要宗教史专著有《释氏疑年录》《明季滇黔佛教考》《中国佛教史籍概论》《元也里可温考》《南宋初河北新大道教考》等。

随便翻翻也有学问——鲁迅谈阅读

鲁迅先生知识渊博，著作丰富，他的 16 本杂文集共有 650 余篇，内容包罗万象，被誉为"百科全书"。他为什么有这样丰富的知识呢？

鲁迅曾向青年读者介绍过一种博览群书的方法。他说，从童年时代起，他就养成了一个良好的读书习惯，书在手头，不管它是什么，总要拿来翻一下，或者看一遍序目，或者读几页内容，到现在还是如此。在鲁迅看来，这样随随便便翻翻，也有开扩视野、启迪思路、增长知识等诸多好处。因之他阅读范围甚广，可说是博览群书。早在南京求学时，鲁迅除专注于课堂学习外，课余还广泛浏览各种书籍，有生理学的、农学的、绘画的，也有中国古代的野史杂著、小说、戏曲，还有外国的翻译小说。鲁迅的藏书，包罗了人类精神财富的精华，有马列主义的经典著作和各种各样的政治书籍和理论书籍，佛学和美学书籍在他的藏书中也占一定地位。此外，还有大量的自然科学、艺术、社会学、文物考古等方面的书籍。当然，在文艺方面，藏书就更多了。据不完全统计，鲁迅的藏书现在还保存着的，竟达 3800 多种，12000 多册，此外还有 5000 多张碑拓片。这些书绝大多数是鲁迅"翻"过的。

细究起来，鲁迅阅读的方向大致体现在以下几个方面。

1. 不专看一家之书，而博采众家之长。例如，鲁迅从小就受中国古典文学熏陶，七八岁时就读了诸多古典名著。成年以后，更是广泛涉猎。所以，先秦两汉到魏晋南北朝、隋唐五代、宋元明清，以及近代的名家名作他几乎无所不读，无所不评。

2. 不只看与自己观点相同的书，也看与自己观点不同的书，特别是论战对手的书，做到知己知彼百战不殆。鲁迅在与"新月派""民族主义文学""第三种人"作斗争，以及对"论语派"进行批判时，之所以能向形形色色的对手投去一把把锐利的匕首，撕去他们的种种假面具，使他们"麒麟皮下露出马脚"来，就在于他翻阅了他们种种"吞吐曲折的文字"，所以"更明白所谓故人者是怎样的东西"，知道他们的一切"阴面的战法"，这样猛然一击，易切中论战对手的要害。

3. 不专看本专业的书，也涉猎专业以外的书。他不仅是文学家，而且也研究艺术、历史、哲学；他不仅对社会科学有高深的造诣，而且对自然科学也进行了广泛而深入的学习和研究。如果分析鲁迅的知识结构，会发现他的知识是如此广博。他的成绩主要体现在文学作品方面，文学集中地表现为"果"，而他的历史知识、社会知识、自然科学知识则主要表现为"因"。如他的自然科学知识丰富了其创作。不仅《狂人日记》等小说依凭医学上的知识，他的杂文更是广泛地利用自然科学方面的知识，故其作品成了活的"百科全书"，人类知识的"万宝山"。

4. 不专看本国书，多看看外国有关的书，以便得到更多的启发。鲁迅十分注意多看外国书，他说，他的小说创作是因为看了外国的小说，尤其是俄罗斯、波兰和巴尔干诸国的作品受到启示而写的。鲁迅也常看外国的批评文章，外国的文艺理论书籍。他曾反复研读过日本厨川白村的《苦闷的象征》、普列汉诺夫的《艺术论》，同时，他十分努力地从事马克思主义文艺理论的学习和研究，并向国内介绍。他还把翻译作为"博览外国的作品"，故他一生的著述，翻译与创作各占半数。

鲁迅的博学大家是共知的，而他在博览群籍的基础上，也形成了有自己特色的阅读方法。现为读者介绍数种：

一是硬看。对较难懂的必读书，硬着头皮读下去，直到读懂钻透为止。

二是专精。他提倡以"泛览"为基础，然后选择自己喜爱的一门或几门，深入地研究下去。否则，读书虽多，终究还是一事无成。

三是活读。鲁迅主张读书要独立思考，注意观察并重视实践。他说："专读书也有弊病，所以必须和社会接触，使所读的书活起来。"

他还主张用"自己的眼睛去读世间这一部活书"。

四是参读。鲁迅读书不但读选本，还参读作者传记、专集，以便了解其所处的时代和地位，由此深化对作品的理解。

五是设问。就是拿到一本书，先大体了解一下书的内容，然后合上书，可一边散步一边给自己提一些问题，自问自答：书上写什么？怎样写的？为什么这样写？要是自己，这个题目又该怎么写？鲁迅认为带着这些问题去细读全书，效果会更好些。

六是跳读。读书遇到难点，当然应该经过钻研弄懂它。但是遇到一时无法弄懂的问题怎么办？鲁迅认为"若是碰到疑问而只看到那个地方，那无论看多久都不会懂。所以跳过去，再向前进，于是连以前的地方也明白了"。

七是背书。鲁迅的背书方法与众不同，他制作了一张小巧精美的书签，上面写着"读书三到，心到、眼到、口到"10 个工工整整的小楷字。他把书签夹到书里，每读一遍就盖住书签上的一个字，读几遍后默诵一会儿，等把书签上的 10 个字盖完，也就把全书背出来了。

八是剪报。鲁迅十分重视运用"剪报"这一方法来积累资料。他的剪报册贴得很整齐，分类也很严格，每页上都有他简要的亲笔批注。鲁迅曾利用这些剪报写了不少犀利的杂文。他曾说过："无论什么事，如果陆续收集资料，积之十年，总可成一学者。"

九是重读。这是指读过的书隔些日子再重读书中标记的重点，花的时间不多，却有新的收获。

人物小传

鲁迅（1881—1936），原名周树人，字豫才，浙江绍兴人，伟大的文学家、思想家和革命家。青年时代受进化论、尼采超人哲学和托尔斯泰博爱思想的影响很深。1902 年去日本留学，原在仙台医学院学医，后从事文艺工作，企图用以改变国民精神。1918 年 5 月，首次用"鲁迅"的笔名发表中国现代文学史上第一篇白话小说《狂人日记》，奠定了新文学运动的基石。五四运动前后，参加《新青年》杂志工作，成为五四新文化运动的主将。1918 年到 1926 年间，陆续创作出版了小说集《呐喊》《彷徨》等。其中，1921 年 12 月发表的中篇小说《阿 Q 正传》是中国现代文学史上的不朽杰作。

独立之精神，自由之思想——陈寅恪谈阅读

陈寅恪先生年仅 13 岁就游学日本，后又赴欧美，留学于德国柏林大学、美国哈佛大学等，前后留学时间长达 16 年，36 岁时回国，先后受聘于清华大学、北京大学、西南联大、香港大学、广西大学、中山大学等。求学时被人称为中国最佳"读书种子"，教学中获"教授之教授"美誉，治学则被海外颂为"伟大的中国史学家"。

陈寅恪先生去世后，后人整理遗物时发现了他的几十本笔记，其中分别用藏文、蒙文、突厥回鹘文、吐火罗文、西夏文、满文、朝鲜文等书写。不说信息量，只是语言寅恪先生就用了 20 多种。后交到季羡林先生处，先生叹曰："这些笔记能留下来，多亏神灵护佑！"

不言而喻，陈寅恪先生的学术成就得益于他对各国文化的吸收和运用。当然，他能和王国维一起并称为中国史学界的"双子座"，除了学识渊博之外，其阅读治学的经验和方法也起到了很大的作用。概括起来，主要有 3 点：

1. 主张看原书，要有独立思考的精神和自由的思想

近世以来，随着中西文化的交汇和撞击，学术界基本上有两大派别，一派以传统方法为主，为"旧派"，他们多引证材料；另一派以新潮方法为主，所谓以"科学方法整理国故"，多为留外学生，重理论。陈寅恪认为"旧派失之滞"，"其缺点是只有死材料而没有解释"，而"新派失之诬"，认为"新派虽有解释，然甚危险……此种理论，不过是假设的理论"。因而，他觉得二者各有偏颇和缺陷，"而讲历史重在准确，不嫌琐细"，所以，他提倡读原书，要有自己的思想。

这种学习方法和阅读方法几乎贯穿了他的一生，即使在"文化大革命"中也没有动摇过。

1953 年冬，北京方面邀请寅恪先生北上，担任中央历史研究委员

会第二历史研究所所长职务，寅恪先生在他的《对科学院的答复》中正言：没有自由思想，没有独立精神，即不能发扬真理，即不能研究学术。因此提出如赴任，则不学政治，不宗奉马列主义。他说，独立精神和自由思想是必须争的，切须以死力争。可谓直言不讳，毫无顾忌！

2. 阅读时喜写批语

与许多老知识分子一样，陈寅恪读书也喜欢写批语，把自己的阅读心得和体会随时写在书上，并成为他重要的阅读方法之一。不过，他的评点和批注不是简单的三言两语，而往往是密密麻麻地写满书页的各个角落，有眉批、旁批、夹批等多种形式。

据说他在读白居易和元稹等人的诗集时，也是密密麻麻地写满了许多批语。可见他长期以来已养成了阅读时写批语的习惯。久而久之，便成了一种阅读方法。

3. 打通文、史，"以诗证史"

古人说："文、史不分家。"这话说起来容易，做起来却相当困难。因为文学类的书和历史类的书都浩如烟海，能把其中某一种类的书读遍弄通，便已不易；如把另一大类的书再读遍弄通，这就更难了。所以，对于大多数的人来说，只能专攻一类，倘二者打通，为文史兼通者，自古以来便寥若晨星。陈寅恪却是其中灿烂的一颗。历来研读唐诗的，多从艺术性上加以品味赞赏，很少有人从唐诗的角度去考察唐代的历史、风俗、政治和典章制度。而陈寅恪从有"诗史"之称的杜甫的诗中获得启发，不但从新旧《唐书》中去考察唐代历史，而且从《全唐诗》中挖掘和发现了大量的材料，来进一步考察唐代的社会和历史，为历史研究打开了一个全新和广阔的天地，并纠正了历史文献中一些错误的记载。这种独特的读书角度和方法，给后人以极大启发，步其后尘者甚多。有人甚至把"以诗证史"视为陈寅恪一生治学的主要业绩。

除了以上3点以外，陈寅恪的读书方法还有很多，例如他的融会贯通，又如他的勤奋研读等，都足以供我们学习和参考。

人物小传

　　陈寅恪（1890—1969），江西义宁人，中国 20 世纪杰出的史学家、学者。1930 年在其所撰《陈垣敦煌劫余录序》中最早提出"敦煌学"的概念，指出"敦煌学者，今日世界学术之新潮流也"。在该序中，就北京图书馆所藏 8000 余卷敦煌写本提出 9 个方面的研究价值，即摩尼教经、唐代史事、佛教文义、小说文学史、佛教故事、唐代诗歌之佚文、古语言文字、佛经旧译别本、学术之考证，为敦煌学研究指明了方向。撰有《大乘稻芊经随听疏跋》《忏悔灭罪金光明经冥报传跋》，还撰有《寒柳堂集》《柳如是别传》等。作为一位学者，他并非一个抱残守缺的国粹主义者，从来也没有拒绝或者排斥外来文化，而是主张输入外来文化，以补救中国文化的缺失。只是如何输入外来文化，他同国内一些新潮学人见解大相径庭……深邃的学术眼光以及卓越的学术成就，使他成为 20 世纪中国史学界一座难以跨越的高峰。

阅读要文理兼容——竺可桢谈阅读

竺可桢治学严谨，学识渊博，致力于多门学科的研究工作。他是中国近代气象学和地理学的奠基人，在中国区域气候、农业气候、物候学、气候变迁等方面都作出了重要贡献。竺可桢虽从事自然科学研究，但他从青少年时代起就十分喜爱中国古典文学，广泛阅读，至老不辍。他认为，自然科学家不能知识面过于狭窄，那将会束缚自己的视野。多读点文史知识，有利于构建合理的知识结构，促进专业的研究。

物候学是竺可桢科研中用力最多、成就最大的一门学科。为研究中国历史上自然界的植物、动物与环境气候条件的周期变化之间的相互关系，竺可桢查阅大量古代文献资料，用古书所载物候材料来研究古代气候与变迁，取得创造性成果。为了了解南宋到元朝初期的气候情况，竺可桢系统阅读《二十四史》中有关天气的记载。古代还没有发明温度计，他便以降雪作为比较的依据，查阅各朝代有关降雪的记录，发现南宋时期首都杭州降雪多，春天大寒的年份多，南宋比唐朝、明朝和现代都要冷。1925 年，在史料研究的基础上，他发表了《中国历史上气候之变迁》一文，指出："这一段时间的天气比起别的世纪要冷得多。"竺可桢在笔记、卡片上摘抄了许多有关梅花的诗、词、文章。他翻阅《诗经》，发现有 5 处提到梅花，《书经》中也有关于梅树的记载，这说明周朝时的黄河中下游几乎到处都有梅花。唐朝时气候变暖，首都长安梅树很多，这在《梅妃传》与元稹的诗中均有记载。但到宋朝，由于气候变冷，梅树纷纷南迁，长安与洛阳的梅树已少得可怜了，这有宋朝苏东坡《咏杏花》诗为证："关中幸无梅，赖汝充鼎和。"意思是说，长安附近的关中平原没有梅花了，只好拿杏花冒充一下。竺可桢硬是从几千首诗中把苏东坡这首并不出名但有地点、有物候观测依据的诗挖掘了出来。根据这些古代诗文，竺可桢发现几千年来由于气候变化，中国梅树是从北往南搬过家的。

元朝著名道士丘处机曾住北京长春宫数年，1224年寒食节作《春游》诗云："清明时节杏花开，万户千门日往来。"而竺可桢依据多年观测，发现700多年后的北京，杏花也是在清明时节盛开。据此他得出结论："可知那时北京物候正与北京今日相同。"

竺可桢坚持每天记日记。1936年以前的日记在抗战中散失，从1936年1月1日起到1974年2月6日他逝世止，共38年零7天，无一天间歇，记有800万字日记，其中包括气候、物候的观测。1961年的一天，竺可桢翻阅清初历史学家谈迁写的《北游录》，书中有关花开花落、江河封冻等许多物候现象，在他看来是非常珍贵的气象记录。谈迁记录到：1654年4月8日，北京海棠未放；5月1日，在报国寺看海棠。根据自己的日记记录：1956年是他到北京11年中最暖和的一年，海棠花4月27日开放。由此竺可桢得出结论：300年以前的清朝初期，气候比现在要冷。

竺可桢读书善于古为今用，洋为中用。他把研究文史与研究物候结合起来，把史料记载与自己第一手的现实观测结合起来，从浩如烟海的史籍中找佐证，将书本知识融会贯通，运用到自己的研究中，并及时掌握现代科学的最新成果，堪称一位通晓古今中外气候情况的科学家。

1973年，83岁高龄的竺可桢完成了《中国近五千年来气候变迁的初步研究》一书的定稿。该书立论严谨，系统阐述了我国5000年来的温度变化。他依据繁杂的古代资料，运用新的理论和方法，得出5000年气候变化定量分析的成果，这在国际上是罕见的。

人物小传

竺可桢（1890—1974），中国气象学家、地理学家，是中国近代气象事业主要奠基人。出生于浙江绍兴东关镇，1910年赴美，1918年以论文《关于台风中心的几个新事实》获博士学位后回国。竺可桢长期搜集整理古代有关物候的文献，并依据历代物候记载，研究中国5000年来的气候变迁，其成果对气候变化研究有重要贡献。竺可桢共发表论著270余篇，属于气象方面的重要论著还有《中国气候区域论》《中国气流之运行》《东南季风与中国之雨量》《中国气候概论》《历史时代世界气候的波动》《论我国气候的几个特点及其与粮食作物生产的关系》《中国近五千年来气候变迁的初步研究》《物候学》等。

读之善用方为上——陶行知谈阅读

作为一名卓越的教育家，陶行知对阅读问题也很重视。他的阅读方法和经验，大致可分为 3 点。

1. 要选好书

陶行知是一位教育家，考虑问题往往从学生的角度出发，非常重视对于书的选择。他认为世上的图书有两种："一种是吃的书；一种是用的书。""吃的书"，主要是指文学等一类非应用型的书，而"用的书"，主要是指一些能指导读者动手操作一类的理工类书，而"中国是吃的书多，用的书少"。在"吃的书"当中，也有好有坏，"有的好比是白米饭，有的好比是点心，有的好比是零食，有的好比是药，有的好比是鸦片"。在这种情况下，从教育的目的出发，陶行知认为要把书读好，首先得把书选好。他觉得一本书是好是坏，可以拿 3 种标准来加以衡量、判断：

（1）我们要看这本书有没有引导人产生新价值的力量，有没有引导人产生精益求精的价值的力量。

（2）我们要看这本书有没有引导人思想的力量，有没有引导人想了又想的力量。

（3）我们要看这本书有没有引导人动作的力量，有没有引导人干了一个动作又干一个动作的力量。

2. 阅读重在应用

陶行知在《陶行知全集》中特别强调读书和用书的关系，认为读了书要善于运用。下面是他在《陶行知全集》中的一些语录：

"我们应当明白，书只是一种工具，和锯子、锄头是一样的性质，都是给人用的。我们与其说'读书'，不如说'用书'。书里有真知识和伪知识，读一辈子，不能辨别它的真伪；可是用它一下，书的本来面目便显了出来，真的使用得出去，伪的使用不出去。现在一般学校里所注重的知识，只是闻知，几乎以闻知概括一切知识。亲知几乎完全被挥于门外。说知也被忽略，最多也不过是些从闻知里推想出来的罢了。"

"只知道吃饭，不成饭桶了吗？只知道读书，不成为有脚可以走路的活书架子了吗？我们为避免随入伪知识阶级的诡计起见，主张用书不主张读书。"

"书是三百六十行的公物，不是读书人所能据为私有的。"

"书呆子就是读书没有目的的人。我平时尽力劝人不要做书呆子。书是一种工具，只能用，不可读。"

"中国的教员、学生实在太迷信书本了。他们以为书本可以耕田、织布、治国、平天下；他们以为要想耕田、织布、治国、平天下只要读读书就会了。书本是个重要的工具，但书本以外的工具还多着呢。"

"生活教育与教学做合一之总要求。我们要活的书，不要死的书；要真的书，不要假的书；要动的书，不要死的书；要用的书，不要读的书。总的来说，我们要以生活为中心的教学作指导，不要以文字为中心的教科书。"

"旧时代之学生之生长的过程有 3 个阶段：一是读死书；二是死读书；三是读书死。新时代之学生也离不了书，所不同的，他们是用活书，活用书，用书活。"

"书是一种工具，只可看，只可用，看也是为着用，为着解决问题，断不可以呆读。认清这一点，书是最好的东西，有好书，我们就受用无穷了。正是：用书如用刀，不书自须磨，呆磨不切菜，何以见婆婆。"

3. 不可尽信书，有不懂或怀疑处要多问、多钻研

孟子说："尽信书，则不如无书。"陶行知很赞赏这句话，并认为"在书里没有上过大当的人，决不能说出这一句话来"。因此，他提倡学生们在读书时不要盲目相信书，对于书中的错误和疑问，要敢于提出问题，要敢想敢问。他鼓励学生们说："书既不可以全信，那么，应当怀疑的地方就得问。"并以清代哲学家戴震小时候的故事来开导

大家。

戴震小时候口讷，到 10 岁时才能开口说话。那时少年读书都是读的"四书五经"，其中《大学》里有经一章，传十章，有一条注解说，这一章经是孔子的话，由曾子写的；那十章传是曾子之意，由他的门徒记下来的。戴震便问老师怎么知道是这种情况。老师说："朱文公（熹）是这样注的。"戴震问朱文公是何时人。老师说："是宋人。"戴震又问孔子和曾子是何时人。老师说："是周人。"戴震紧问不舍："周朝离宋朝有多少年？"老师想了一下说："差不多 2000 年了。"戴震越发好奇了，问道："那么，朱文公怎么会知道呢？"老师一时答不出，但见这个毛头小孩竟能寻根究底，敢于提问，不禁赞叹道："这真是个不寻常的孩子呀！"

后来，戴震果然不信前人定论，敢于怀疑圣人之言，写出《原善》《原象》等文章和著作，成为我国历史上著名的哲学家和学者。

陶行知以戴震等人的故事来启发学生，希望学生们在读书时不要死读书，要敢想敢问，开动脑筋，这样阅读才更有收获。

人物小传

陶行知（1891—1946），中国伟大的人民教育家。1891 年 10 月 18 日生于安徽歙县。1914 年毕业于金陵大学，后赴美留学。1917 年回国，历任南京高等师范学校教授、教务主任等，反对"沿袭陈法，异型他国"，推行平民教育。五四运动后，从事平民教育运动，创办晓庄师范。九一八事变后，陶行知积极从事抗日救亡运动。曾受全国救国联合会的委托，担任国民外交使节，出访欧、美、亚、非 28 个国家和地区，出席"世界和平大会""世界新教育会议"第 7 次年会，为光大中华民族在国际舞台上的形象作出了杰出的贡献。

陶先生著作宏富，论述精当，与当前的社会主义教育学息息相通，堪称中国近代教育史上的一代巨人。

不动笔墨不读书——毛泽东谈阅读

　　毛泽东一生酷爱读书。在湖南第一师范学习期间，常常拿着书本到最热闹的城门南门口去看书，任凭车水马龙，人声嘈杂，他毫不理睬，只顾集中注意力埋头看书，时而朗读，时而默念，专心致志，旁若无人。

　　夜深人静，同学们都已进入梦乡，他还在走廊上或茶炉室的灯光下看书。有一段时间，宿舍熄灯后，他自备一盏小灯，下面用一节竹筒垫高，坐在床上继续看书。

　　有半年时间，毛泽东到湖南图书馆自学。他每天吃完早饭，就急忙奔向图书馆，有时图书馆还没有开门，他就在门外等，经常是第一个进门。到关门时，他总是最后一个离开。中午常常饿着肚子不吃饭，有时就到街上买几个烧饼充饥。在北风呼号、大雪纷飞的严寒时节，看书坐久了，脚冻得发痛，他稍许活动一下双脚，便又把全部精力集中到书本上去了。在这段时间里，他读了不少哲学、政治、自然科学、历史地理、文学艺术等方面的书籍。

　　毛泽东一生与书结下了不解之缘。新中国成立后，他日理万机，公务十分繁忙，然而他还是利用点滴时间看书。20 多年里，他先后从北京图书馆、北京师范大学图书馆、北京大学图书馆等单位借用的各种书籍多达 2000 余种 5000 余册。他走到哪里，总是把自己爱看的书带到哪里。他办公兼卧室的房间里，床上、办公桌上、会客室里，到处都放着自己喜爱的书籍，他的整个住房就好像一座小小的图书馆。

　　写课堂笔记和阅读心得是毛泽东多年养成的读书方法和习惯，他赞赏"不动笔墨不读书"的读书格言。毛泽东喜欢在读过的书上写眉批。他读过的《伦理学原理》一书仅有 10 多万字，而他用毛笔小楷在书的上下空白处以及字行之间写上的眉批和提纲，密密麻麻多达1.2万字，最小的字要用放大镜才能看得清楚。而且，几乎将全书逐字逐句都用红笔和黑笔加上圈点、单杠、双杠、三角、叉等符号。凡是书中比较精辟重要的内容，总是用浓圈密点，甚至圈上加圈，点上加点。从中可以看出毛泽东读书的认真刻苦和独立思考精神。

阅读使毛泽东具有渊博的知识和高超的政治智慧。毛泽东的阅读兴趣很广泛，哲学、政治、经济、历史、文学、军事等书籍无所不读。大致进行分类的话，毛泽东一生所读的书可分为三大类：

第一类书是马克思主义。1936年，毛泽东在延安曾向来访的美国记者斯诺说："1920年冬，第二次到北京期间，读了许多关于俄国情况的书籍。我热心地搜寻那时能找到的为数不多的用中文写的共产主义书籍。有3本书特别深地铭刻在我的心中，建立起我对马克思主义的信仰。我一旦接受了马克思主义是对历史的正确解释以后，对马克思主义的信仰就没有动摇过。"这3本书是：《共产党宣言》、考茨基著《阶级斗争》、柯卡普著《社会主义史》。毛泽东对待马列主义经典著作和其他著作不同，他是将其作为观察国家命运的科学宇宙观，是为了解决中国的实际问题，从中找立场、找观点、找方法的，也就是说，把马列主义经典著作作为救国救民、治党治国的经典。毛泽东读马列主义经典著作，主要读基本代表作，特别是和中国革命问题联系密切的著作。

第二类是中国的传统经典。中国是一个古老的文明大国，中国传统文化源远流长，博大精深，在世界文化中具有重要地位。毛泽东喜爱中国传统文化，其中他最有兴趣的，一是历史，二是文学。在历史方面，毛泽东读了很多史书，有正史也有野史，他特别重视《春秋》《左传》《资治通鉴》《二十四史》。

新中国成立后，他买了一部清乾隆武英殿版的《二十四史》全本，之后把这部史书通读了一遍，重点篇章读过多遍，并作了标点、断句，还写了大量批注。鉴于毛泽东对此书的批注有极高的学术价值，中国档案出版社于1996年按原书原貌出版了《毛泽东评点二十四史》。

毛泽东钟爱中国古典文学，尤其是古典诗词。《诗经》《楚辞》

《唐诗》《宋词》，他都熟悉，尤其赞赏《楚辞》中屈原所写的《离骚》。毛泽东对古典小说最感兴趣和评价最高的是明清四大小说中的《红楼梦》。他阅读和收藏的《红楼梦》有十几种版本，放在案头，有时间就看。除喜爱古典文学外，毛泽东对现代文学也十分关注，尤其喜欢读鲁迅的作品，特别是他的杂文。他还爱读鲁迅的诗，经常引用《自嘲》诗中的"横眉冷对千夫指，俯首甘为孺子牛"，把它称为"鲁迅精神"，并作为座右铭，以教育党的干部。他对鲁迅给予极高的评价，称他是"中国的第一等圣人"。毛泽东非常珍视传统文化，认为这是中华民族的宝贵文化遗产和精神财富。他创造性地提出辩证地对待传统文化，将其分解为精华和糟粕两部分，提倡"排泄其糟粕，吸收其精华"。

第三类就是外来文化中的优秀作品。毛泽东所接触的外来文化，主要是西方文化。西方文化是一个总称，它包括欧美各国的文化，是世界文化中比较先进的一种类型，基本上属于资产阶级文化。1840 年鸦片战争以后，随着帝国主义列强的入侵，西方文化迅速传入中国。那时中国的一些优秀分子期望用西方文化拯救中国。受"新学"和新潮的影响，毛泽东在湖南省立第一师范读书期间，阅读了大量的西方名著，有希腊、罗马的古典文艺作品——诗歌、小说和神话；有进化论，如达尔文的《物种起源》；还有启蒙学者的民主主义，如孟德斯鸠的《法意》、卢梭的《民约论》等。这些西方民主主义的先进文化，对毛泽东产生了很大影响，极大地开阔了他的思想境界。他在 1956 年《论十大关系》的讲话中提出要学习世界各国文化中的一切优秀成果。毛泽东认为，每个民族都有它的长处，同时，每个民族也都有它的短处。我们要学习的是它的长处，是各国文化中的优秀成果，而不是它的全部，而且必须有分析、有批判地学，不能盲目地学，不能一切照抄、机械搬运。毛泽东所提出的"古今中外"学习法，其精神实质就是学习世界上一切好的东西，"古为今用""洋为中用"。

总括上述 3 个方面，即从马列著作中取经治党治国，向传统文化讨教并继承弘扬，在外来文化中求知以开阔视野。这便是毛泽东一生阅读生活的全部内容，从中不难看出其科学内涵和学术价值。它和毛泽东的理论创造——毛泽东思想，毛泽东的思想作风和工作作风，毛泽东的治党治国之道之术，是我们取之不尽、用之不竭的财富。

人物小传

毛泽东（1893—1976），字润之，笔名子任，湖南湘潭人。1893 年 12 月 26 日生于韶山一个农民家庭。早年就读于湖南省立第一师范，即开始革命活动，接受并传播马克思列宁主义，1921 年成为中国共产党的创始人之一。毛泽东是中国人民的领袖，马克思主义者，伟大的无产阶级革命家、战略家和理论家，中国共产党、中国人民解放军和中华人民共和国的主要缔造者和领导人。历任中国共产党中央委员会主席、中央军事委员会主席、中华人民共和国主席等职。平生于政务、军旅之暇，喜爱诗词、书法，用功尤勤，造诣甚深。著有《毛泽东选集》5 卷，遗墨辑有《毛泽东书信手迹选》《毛泽东题词墨迹选》《毛泽东诗词手书》《毛泽东手书古诗词选》。

如何"无师自通"——梁漱溟谈阅读

与其他一些有影响的哲学家和教育家不一样，梁漱溟主要是靠自学成才的，他曾在《我的自学小史》中谈到他的一些自学经历和经验。他说："我的一生是一个自学的实例，若将我自幼修学以至在某些学问上'无师自通'的经过叙述出来给青年朋友，未始无益。"根据他本人的叙述，其自学的方法和经验大约有 3 点：

1. 阅读要有一颗"向上心"

梁漱溟虽然从 6 岁开始便已读书，如《三字经》《百家姓》"四书五经"等，但他认为自己先天条件并不好，体弱多病，因而曾坦率地说："我自幼呆笨，几乎全部小学时期皆不如人；自 14 岁虽变得好些，亦不怎样聪明。"可是，他有一颗向上的心。他说："特别是自十三四岁开始，由于这向上心，我常有自课于自己的责任，不论何事，很少需要人督迫。"

在他看来，"所谓自学，应当就是一个人整个生命的向上自强，最要紧的是在生活中有自觉。"而一旦有了向上心，便会自觉地刻苦读书求学，不会偷懒。总之，梁漱溟认为"向上心是自学的根本"，有了向上心，一个人就会自觉地加以自学。

2. 注意同学之间的交流

梁漱溟说："自学条件、书报资料固然重要，而朋友亦是重要的。"他所说的几位朋友，实际上都是他同校的同学。梁漱溟虽然有其孤高自诩的一面，但逢有真才实学的同学，他都能虚心求教，广为吸纳。

他从同学陈子方、郭人麟、甄元甫等人的身上学到了不少东西。凡此，可以看出同学之间互相交流和学习的重要性。

3. 自学者应该经常阅读报纸杂志

梁漱溟曾深有体会地说："我的自学，最得力于报纸杂志。许多专门书或重要典籍之阅读，常是以报纸杂志先引起兴趣和注意，然后方觅它来读的。"

梁漱溟之读报纸杂志，并不是为了消闲，而是为了自学。他除了在报纸上留意自己想要读的专著或典籍等书讯情况以外，还注意从报纸上学习专业知识。如他为了学习近代国家法制知识，就经常读《国风报》，因为那上面有许多谈国会制度、责任内阁制度、选举制度、预算制度、国库制度、审计制度等方面的文章；为了学政治、时事，他经常读《北京日报》《申报》等政论性、新闻性比较强的报纸，从中学到了许多知识。他对梁启超、张耀曾、章太炎、章士钊等文化名流的认识和了解，也多半是通过读报得到的。

当然，除了以上阅读自学的经验外，梁漱溟还谈到不能读死书或死读书，以及从小好深思等方面的读书心得。我们仅归纳了以上3点，却都是在自学的前提下提出的，因而对那些有志自学的人更有启发。特别是他注意阅读报纸，从报中求学，以及同学之间的互相学习和交流，对我们来说尤觉新鲜。

人物小传

梁漱溟（1893—1988），原名焕鼎，字寿铭、萧名、漱溟，后以其字行世，广西桂林人，中国近现代史上的重要学者、思想家和社会活动家，是现代新儒家学派的开山之人，也是乡村建设运动的代表人物之一。1916年，在《东方杂志》上发表学习佛学的心得《究元决疑论》，很受北大校长蔡元培的赏识，受聘为印度哲学课程的特约讲师。1921年他出版了第一部重要著作《东西文化及其哲学》。在此书中，梁漱溟"批评东西文化各家学说，而独发挥孔子哲学"，并指出"世界最近未来将是中国文化的复兴"。这使他成为著名的文化保守主义者和新儒学的开启者。

最忌死读书——叶圣陶谈阅读

《新文学史料》上面载有叶圣陶先生一段时间的日记。其中虽然没有提到该如何阅读，可记载了阅读的情况和时间。从这些记述中，我们或许可以体味到点什么。

刊载日记从 1946 年 8 月 1 日起，止于 10 月 31 日，计 3 个月。从日记所叙看，作者工作十分繁忙，几乎每天都要阅、审、校稿，且字数多，量很大，还有接迎朋友等其他事；可几乎每天，叶先生都要读一阵子书。叶先生读书不是随手逮一本随便翻几页，而是选好一本便不更换地一直读下去。这段时间，叶先生读了（读着）3 本书。一本是《诸神复活》，只在日记出现了一次，大约以前读得差不多了。第二本是英国作家哈代的长篇小说《还乡记》。8 月 16 日开读，当天的日记里这样记述："徐徐看去，不知何日始能完毕也。"在以后一段时间，常可见记读《还乡记》的字眼，其中不穿插其他书。这样陆陆续续，直到 9 月 18 日，在极繁忙情况下用一个月零两天，读完了这本书。当天日记这么写着："看完《还乡记》。哈代以小说自抒其人生见解，余以为堪玩味。"9 月 22 日，又开读房龙《圣经的故事》。到 10 月 31 日大约没结束，也是陆陆续续，但其中依然不及其他书。

读这 3 个月的日记，我们约略可以见出，叶圣陶先生阅读的基本方法是："咬"定一本，不舍弃，不旁骛；这样，如哈代《还乡记》那样的长篇，月余便能"啃"完。工作若不繁忙，一个月"啃"掉一本艰深之书，也不是太难吧？

许多人读书常图方便，哪本书顺手就拿哪本，哪本轻松就先读一段；床头书堆得虽不少，可认真读毕的，还真没有几本。这样下去，书架上的书和我们自己也许会叹息终身吧。认真想想，眼下书虽不少，可值得坐下来啃的并不多。有一两百部中外典籍垫底，对个人，大约也很不差。可我们往往产生畏难情绪，以为非得精力集中，非得整块时间不可；眼下的生活节奏如此之快，你到哪儿找整块时间？倘不用"啃"的精神，不紧紧"咬"住一本不放松，恐怕一部也难完成。

叶圣陶先生不仅善于挤时间"啃"书本，还认为阅读应不受地点、处境的制约，一切全在于个人的努力。他在《立志自学》这篇文章中曾这样写道：

"高中毕业生只有一小部分进大学，这种情形在本世纪内大概还会有根本的改变。进不了大学没有多大关系，有志气的青年可以自学。进大学固然可以学到知识，可不能说不进大学就无法学到知识。学习是自己的事。自己要学习，在任何环境里都能够自学，都能够学到切实有用的知识。何况如今社会各方面正在努力为青年提供各种形式的自学条件。如果自己不要学习，进了大学也未必真能够学到什么，甚至可以肯定学不到什么。花上四五年取得一张文凭只是有了一张文凭而已，在实际工作中抵不上一个真肯学习又真会学习的中学毕业生。这样的例子并不是没有。

"知识无穷无尽，古人就有'知也无涯'的话。大学分院、分科、分系，一个人进了大学，学到的知识只是很小的一个角落，深度和广度都还不够：从消极方面说，还不能充分适应工作和生活的需要；从积极方面说，还不能有所创造，有所前进。所以大学毕业之后还是要自学，在工作和生活中自学，根据工作和生活的需要自学。许多有成就的人，他们的知识绝大部分是自己学来的，并不是坐在课堂里听来的。

"老师对学生是极有帮助的。所谓帮助，主要不在于传授知识，而在于引导学生自己去求得知识，也就是引导学生自己去发现问题，自己去解决问题。这种自己求得知识的本领，有老师指引固然容易长进，没有老师指引，也可以在不懈的探索中练成。光是自己探索当然要多费力气，然而是值得的，因为自己探索得来的往往更为深刻。

"我不是说进大学不管用，只是说进了大学，学习还得靠自己；毕了业还得努力自学，永不停歇。在立志自学这个问题上，进不进大学并无不同。"

叶圣陶虽未上过大学，日后却能执教大学，而且成为一位享有盛誉的教育家、文学家，其中因素很多，但从他的文章中我们可想而知，他的成就与勤奋阅读息息相关。

另外，叶圣陶最忌读死书。他86岁高龄时写下了《读书二首》，用以启迪后学：

读书忌死读，死读钻牛角，矻矻复孜孜，书我不相属。活读运心智，不为书奴仆，泥沙悉淘汰，所取唯珠玉。其精既在我，化为血与肉，斯得读之用，书可高阁束。外此复有说，读书岂云足？尚有若干书，犹未经写录。或由理未明，或由见未熟。此虽不名书，并宜萦心目。庄云知无涯，无涯宁退缩？伟哉唯人类，探索永相续！

善读未写书，不守图书馆。天地阅览室，万物皆书卷。知常与察复，斋下操双管。心之官则思，至理终必阐。缅怀达尔文，早岁抱宏愿。航海历诸州，动植兼究探。同中乃有异，其异何由判？又复考化石，于焉察古远。从知简趋繁，生命实一贯。煌煌进化论，厥功达翁冠。教宗神异说：——如冰涣。裨益于人类，其量宁可算！

不言而喻，这两首读书诗是叶先生80年阅读生涯的精华总结，也是他所以成为一位杰出教育家、文学家、语言学家的奥秘所在。

人物小传

叶圣陶（1894—1988），原名叶绍钧，著名作家、编辑家、教育家，出生于江苏苏州。早年试验新式教学。文学研究会发起人之一，曾主编《小说月报》，作品在文学史上占有重要位置。代表作有长篇小说《倪焕之》、童话集《稻草人》、短篇小说《潘先生在难中》等。新中国成立后，任出版、教育、文史等部门领导。在许多读者心目中，叶圣陶只是一个儿童文学作家及教育家，事实上，他的小说非常出色，他在现代文学史上的贡献也不容忽视。

知其意，明其理——冯友兰谈阅读

冯友兰先生是中国哲学史上无论如何也绕不过去的一个里程碑式的人物。他一生著作等身，成绩斐然，给后世留下了一笔可贵的思想财富。这和他皓首穷经式的阅读方法有很大关系。冯友兰先生在自己的回忆文章中曾就自己的阅读经验作过专门介绍。下面是冯友兰先生的自述，读者从中必定有所收获：

"我7岁上学就读书，一直读到现在，基本上没有间断，不能说对于读书没有一点经验。我所读的书，大概都是文、史、哲方面的，特别是哲。我的经验总结起来有4点：一是精其选；二是解其言；三是知其意；四是明其理。

"先说第一点。古今中外，积累起来的书真是多极了，浩如烟海。但是，书虽多，有永久价值的还是少数。可以把书分为3类，第一类是要精读的，第二类是可以泛读的，第三类是只供翻阅的。所谓精读，是说要认真地读，扎扎实实地一个字一个字地读。所谓泛读，是说可以粗枝大叶地读，只要知道它大概说的是什么就行了。所谓翻阅，是说不要一个字一个字地读，不要一句话一句话地读，也不要一页一页地读。就像看报纸一样，随手一翻，看看大字标题，觉得有兴趣的地方就大略看看，没有兴趣的地方就随手翻过。听说在中国刚有报纸的时候，有些人捧着报纸，就像念四书五经一样，一字一字地高声朗诵。照这个办法，一天的报纸，念一年也念不完。大多数的书，其实就像报纸上的新闻一样，只是昙花一现而已。所以，书虽多，真正值得精读的并不多。

"那么，怎样知道哪些书是值得精读的呢？这个问题不必发愁。自古以来，已经有一位最公正的评选家，有许多推荐者向它推荐好书。这个评选家就是时间，这些推荐者就是群众。历来的群众，把他们认为有价值的书推荐给时间。时间照着他们的推荐，把那些没有永久价值的书都刷下去了，把那些有永久价值的书保留下来。自古以来的好书，都是经过群众的推荐，经过时间的选择，流传下来的。我们看见这类书，大部分都是有价值的，心里觉得奇怪，怎么古人写的东西都是有价值的？其实他们所作的东西，也有许多没有价值的，不过这些没有价值的东西，没有为历代群众所推荐，在时间的考验下落了选，被刷下去了。现在我们所称谓的'经典著作'或'古典著作'的书都是经过时间考验流传下来的。这一类的书都是应该精读的。当然，随着时间的推移和历史的发展，这些书当中还要有些被刷下去，但直到现在为止，它们都是榜上有名。

　　"我们心里先有了这个数，就可以随着自己的专业选定一些需要的精读的书。这就是要一本一本地读，在一段时间内只能读一本书，一本书读完了才能读第二本。读的时候先要解其言，这就是说，首先要懂得它的文字，它的文字就是它的语言。语言有中外之分，也有古今之别。就中国的汉语笼统地说，有现代汉语，有古代汉语，古代汉语统称为古文。详细地说，古文之中又有时代的不同，有先秦的古文，有两汉的古文，有魏晋的古文，有唐宋的古文。中国汉族的古书，都是用这些不同的古文写的。我们看不懂古人用古文写的书，古人也不会看懂我们现在的《人民日报》。这叫语言文字关。攻不破这道关，就看不见这道关里边是什么情况，不知道关里边是些什么东西，只在关外指手画脚，那是不行的。我所说的解其言，就是要攻破这一道语言文字关。当然，要攻这道关，要先作许多准备，用许多工具，如字典和词典等工具书'书不尽言'。

　　"中国有句老话说是'书不尽言，言不尽意'，意思是说，一部书上所写的总要简单一些，不能像他所要说的话那样啰唆。这个缺点倒有办法克服。可是'言不尽意'那种困难，就没有法子克服了。因为语言总离不了概念，概念对于具体事物来说，总不会完全合适，不过是一个大概轮廓而已。比如一个人说'他牙痛'，'牙'是一个概念，'痛'是一个概念，'牙痛'又是一个概念。其实他不仅止于'牙痛'而已。那个'痛'，有一种特别的痛法，有一定的大小范围，有一定的深度。这都是很复杂的情况，不是仅仅'牙痛'两个字所能说清楚的，无论怎样啰唆他也说不出来，言不尽意的困难就在于此。所以读书时即使书中的字都认得了，话全懂了，还未必能知道作书的人的意思。从前人说，读书要注意字里行间，又说读诗要得其'弦外音，味外味'，这都是说要在文字以外体会它的精神实质。这就是知其意。司马迁说过：'好学深思之士，心知其意。''意'是离不开语言文字的，但有些是语文文字所不能完全表达出来的。语言文字是帮助了解书的意思的拐棍。既然知道了那个意思，最好扔了拐棍。这就是古人所说的'得意忘言'。在人与人的关系中，过河拆桥是不道德的事。但在读书中，就是要过河拆桥。

"上面所说的'书不尽言''言不尽意'之后，还可以再加一句'意不尽理'。'理'是客观的道理；'意'是著书的人的主观的认识和判断，也就是客观的道理在他的主观上的反映。'理'和'意'既然有主观客观之分，'意'和'理'就不能完全相合。人总是人，不是全知全能的。他的主观上的反映、体会和判断，同客观的道理总要有一定的差距，有或大或小的错误。所以读书只'得其意'还不行，还要'明其理'，才不至于为前人的'意'所误。如果'明其理'了，我就有我自己的'意'。我的'意'当然也是主观的，也可能不完全合乎客观的'理'。但我可以把我的'意'和前人的'意'互相比较，互相补充，互相纠正。这就可能有一个比较正确的'意'。这个'意'是我的，我就可以用它处理事务，解决问题。好像我用我自己的腿走路，只要我心里一想走，腿就自然而然地走了。读书到这个程度就算是能够现学现用，把书读活了。会读书的人能把死书读活，不会读书的人能把活书读死。把死书读活，就能使书为我所用，把活书读死，就是使我为书所用。能够用书而不为书所用，读书就算读到家了。"

人物小传

冯友兰（1895—1990），河南唐河人，哲学家。1918年毕业于北京大学哲学系。1924年获美国哥伦比亚大学哲学博士学位。回国后，曾任广东大学、燕京大学教授，清华大学教授、哲学系主任、文学院院长，西南联合大学教授、文学院院长。新中国成立后，任北京大学教授、中国科学院哲学社会科学部委员。他是第四届全国人大代表，第二至四届政协委员，第六、七届全国政协常委。长期从事哲学教学和研究，在哲学思想和中国哲学史研究方面自成体系。1982 年被哥伦比亚大学授予名誉文学博士学位。著有《中国哲学史》《贞元六书》《中国哲学史新编》（3 册）、《中国哲学简史》（英文）等。

"宝塔式"阅读法——邹韬奋谈阅读

现代著名记者、政论家和出版家邹韬奋，阅读时总是先浏览一遍，对其中特别喜欢的，便在题目上做个记号，再看第一遍，尤其喜欢的再看第三遍，最最喜欢的便一有时间就看。这样，他读过的书籍就形成了一座宝塔，基础最大，是广泛浏览的，然后越往上数量越少，读得越精。邹韬奋把这种读书方法形象地总结为"宝塔式"读书法。宝塔式阅读法把浏览和精读结合起来，在读的过程中选优汰劣，避免了平均用力、浪费不必要的阅读时间。

宝塔式阅读法，使邹韬奋在写作上受益匪浅。他在《经历》中回顾说："我所看的书，当然不能都背诵得出的，看过了就好像和它分手，彼此好像都忘掉，但是当我拿起笔来写作的时候，只要用得着任何文句或故事，它竟会突然出现于我的脑际，效驰驱于我的腕下。"他认为，"要想增进自己的写的技术，便要注意多看自己所喜欢看的书。"下面详细地为读者摘录韬奋先生在《经历》中关于课外阅读的论说，想必对每个人都有所启发：

"常有青年朋友写信问起写作的秘诀，其实我只是一个平凡的新闻记者，写的不过是平凡的新闻记者所写的很平凡的东西，说不上什么作家，所以对于这种问句，很感到惭愧。不过就我很平凡的一点经验说，觉得在初学方面最重要的不外两点：一是写的技术；二是写的内容。简单说起来，所谓写的技术是能够写得出自己所要说的话，也就是能够达意。所谓写的内容是有话说，也就是有什么意思或意见要说出来。

"我上次和诸君谈过在小学和中学里得到良师教授国文的情形。但教师尽管教得好，实际的领略和运用还是要靠自己努力去干，从干当中得到要诀。这好像游泳一样，只是听了是无用的，必须钻到水里去游泳，才有所得。我当时在学校里所学的国文还是文言文，读的是古文。只靠教师在课堂上教的几篇是不够的，所以对于什么《古文辞类纂》《经史百家杂钞》、所谓八大家的各个专集（尤其是《韩昌黎全集》《王阳明全集》《曾文正全集》以及《明儒学案》等），在课外都完全看了一下。觉得其中特别为自己所喜欢的，便在题目上做个记号，再看第二次；尤其喜欢的再看第三次；最最喜欢的，一遇着可以偷闲的时候就常常看。此外如《新民丛报》，梁任公和汪精卫笔战的文字，在当时也是我看得津津有味的东西。还有一部书也是我在当时很喜欢看的，说来很奇特，是所谓《三名臣书牍》，共有4册，是曾涤生、胡林翼和曾纪泽的奏折和信札。我却不是崇拜什么'名臣'，只觉得这里面的文字都很精悍通达，对于他们处理事务的精明强干，尤其是物色人才和运用人才方面，感到很深的兴趣。据说他们的这些文字不一定是完全自己写的，有好些是当时幕府中的能手代作的。我有一天在旧书摊上无意中碰到这部旧书，偶然翻看了几页，觉得越看越有趣，便把它买回来，居然在我的书堆里面占了很'得宠'的位置。

"当然，这是当时研究文言文下了的一点点功夫，现在注意的是白话文，研究的人不一定要走这条路，而且时代也更前进了，内容方面相去也更远。所以我和诸君随便谈到这里，并不是要开什么书目供参考，只是表示我们在初学的时候，要想增进自己的写的技术，便要注意多看自己所喜欢看的书。

"我当时发现一个有趣的事实。我所看的书，当然不能都背诵得出来，看过了就好像和它分手彼此好像都忘掉，但是当我拿起笔来写作的时候，只要用得着任何文句或故事，它竟会突然出现于我的脑际，效驰驱于我的腕下。我所以觉得奇怪的是：我用不着它的时候，它在我脑子里毫无影踪，一到用得着它的时候，它好像自己就跑了出来。我后来读到了心理学，觉得这大概就是所谓潜意识的作用吧。无论如何，我在当时自己暗中发现了这个事实，对于课外的阅读格外感觉到兴奋，因为我知道不是白读白看的，知道这在事实上的确是有益于我的写作技术的。

"我觉得我们在阅读里既有着这样潜意识的作用，对于所选择的书籍的文字（这仅就写的技术方面说，内容当然也很重要），要特别注意。例如有些文字，尤其是所谓直译的文字，写得佶屈聱牙，几十个字一停的长句，看得多了，也要不知不觉中影响到一个人的写作技术，写出来的东西也使人看了不懂，或似懂非懂，使人感觉头痛！

"当然，看书有人指导是可以省却许多不必要的时间和精力的耗费。现在的青年在这方面已有比较的便利，因为有好些杂志对读书指导都是很热诚的。我在当时却是自己在暗中摸索着，但是我自己也有一点选择的策略，虽简单得可笑，但在当时确受到不少的好处。我每到书店或旧书摊上去东张西望着，看到书目引我注意时，先在那里看它几页，称心才买，否则就要和它永诀。有些所谓作家，你虽然东看到他的大名，西也看到他的大名，但是也许买到他的大作来看看，却不免感觉到硬着头皮看下去也看不懂，或是味同嚼蜡，看着就想睡觉！"

从上面的文字里，我们不难发现，韬奋先生的课外阅读生活充实而有效。大量的课外阅读为他的知识储备打下了坚实的基础，平时看似并没有多大的用处，关键之时却能如泉涌出。看来，读书时若是一味地寻求有所得，而忽视潜意识作用，未必全然是好事。这可能也是"宝塔式"读书法的玄奥所在吧。

人物小传

邹韬奋（1895—1944），1920 年参加中华职业教育社，任中华职业学校英语教员，职教社编辑部主任，职业指导委员会副主任等职，曾主编职业教育丛书多种。1926 年主编《生活》周刊、1932 年创办生活书店。1933 参加中国民权保障同盟。1935 年参加中国共产党领导的救亡运动，先后在上海、香港主编《大众生活》周刊，《生活日报》《生活星期刊》，并担任救国会领导工作。1936 年与沈钧儒等被国民党反动派逮捕，史称"七君子狱"。抗日战争开始后获释，先后主编《抗战》《全民抗战》等刊物，并担任民参政员，皖南事变后被迫流亡香港，重新刊行《大众生活》。1942 年到苏北解放区。1944 年逝世。

书痴的四种研读法——郁达夫谈阅读

郁达夫是一位著作等身的小说家，他一生的著译有 40 多种。他又是个著名的书痴，节衣缩食，大量购书，并勤奋研读。他的"绝交流谷因耽懒，出卖文章为买书"的诗句，正是他执着于淘书、藏书、读书的真实写照。他的淘书之痴迷，藏书之丰富，读书之广博，在中国现代作家中几乎是首屈一指的。

郁达夫自幼有逛旧书肆书摊买书的习惯，并且终生不辍，因而藏书颇富。不论在哪里，他都是大量买书，他的稿酬多是做了买书的费用。20 世纪 30 年代在杭州居住，他的寓所称为"风雨茅庐"，藏有中国古代典籍和西方书籍数万册，在江浙一带的藏书家中，他也是挂了名号的。

郁达夫的日记中关于买书的记载颇多。

"晚饭后，上湖滨去漫步，在旧书铺内，见有《海山仙馆丛书》中之《酌中志》一部，即以高价买了回来。此书系明末宦官刘若愚所撰，对于我所拟做的历史小说《明清之际》，很有足资参考之处。""买书又三四十元；中有明代《闽中十子诗抄》一部，倒是好著。""出至南后街看旧书，买无锡丁杏舫《听秋声馆词话》一部 20 卷，江都申及甫《笏山诗集》一部 10 卷，书品极佳，而价亦不昂。更在一家小摊上买得王夫之《黄书》一卷，读了两个钟头，颇感兴奋。"

1934 年，郁达夫去北京，逛东安市场旧书铺，买了一些旧西方书，在 8 月 15 日的日记中记着："卖旧书之伙计某，还记得我十年前旧事，相见欣然，殷殷道故，像是他乡遇见了故知。"相别十年仍相识，可见那时郁达夫淘书之勤。

郁达夫如此钟情于书，因而在日寇侵占杭州，他的藏书惨遭劫难时，他简直心痛欲裂，在痛惜与愤怒之余，便写了《图书的惨劫》一文，以谈其事。

郁达夫对书的痴迷和狂热至此可见一斑。当然，喜欢读和如何读书是两回事，还是让我们回到如何读这一点上来吧。在郁达夫看来，阅读文学作品大约有 4 种情况，与此相应，也就产生了 4 种研读方法。

1. 欣赏者的研读方法

郁达夫认为这是一种纯主观的文学阅读方法，要轻松随意一些。他曾提到过这种阅读方法的好处，其"目的是在丰富我们的精神，调剂我们的生活，因而直接间接可以助长文化的普及与社会的进步的"，其特点则与古人读书的"不求甚解"很相似。"但求适我之意，一层更进，也不妨与人共同欣赏奇文，就是这一种态度。"

2. 想当作家的研读方法

当然，郁达夫首先不希望别人像他那样弄文学、当作家，去走文学创作的道路。退一步说，即使有些青年有这种愿望，他也无法阻止，同时也提了些相应的阅读方法。他认为这种方法可以分两步走：第一步，"起码要弄清现代中国的语言文字"；第二步，要能领会社会各阶层人群的语言，以及"这些语言的意识、背景、现状与演进"，这就比较难了，就"必须要身入社会，苦苦地积累些经历"。然后再以自己的热情、见解和"诚实的态度、清顺的文字"表现出来，这样，文学作品就能得以成功。

3. 学者型的研读方法

郁达夫认为这种读书方法很吃力，"费力多而得效少"。碰到一篇文章，特别是古文，"先得考据这是谁作的，然后再去考求作者的生平和历史的关系、社会时代的关系，等等。这些考据明白之后，再来一字一句地研究文字的内容。"郁达夫虽然没有深入研究，但他还是大致上总结了学者在读书时通常所运用的方法。

4. 批评家的研读方法

郁达夫认为批评家的读书方法，虽然有与学者的读书方法相通或大致相近的地方，但也有所不同。学者研读时须从头到尾一字一句地加以注意，有时还要穷源溯本，但批评家不必如此，他只要在大处或远处注目，"有些细节，尽可以不必和学究取同一的态度。批评整篇文字的好坏，阐发一般人所看不出的优点或缺点，因而使作者和读者两受其益"，这便是批评家研读文学作品的方法和特点。

人物小传

郁达夫（1896—1945），名文，字达夫，出生于浙江首富阳满洲弄（今达夫弄）的一个知识分子家庭。幼年贫困的生活促使其发愤读书，成绩斐然。1913 年 9 月随长兄赴日本留学，毕业于东京帝国大学经济学部。郁达夫是著名的新文学团体"创造社"的发起人之一，他的第一本也是我国现代文学史上的第一本小说集《沉沦》，被公认是惊世骇俗的作品，他的散文、旧体诗词、文艺评论和杂文政论也都自成一家，不同凡响。

读"爱读的书"——茅盾谈阅读

在茅盾先生的故乡流传着一个关于他的小故事。1926 年的一天下午，茅盾第二次回乌镇，开明书店老板章锡琛请沈雁冰（茅盾）、郑振铎及周予同等人吃饭。酒至半酣，章锡琛说："吃清酒乏味，请雁冰兄助兴。"沈雁冰酒兴正浓，便说："好啊，以何助兴？"章锡琛说："听说你会背《红楼梦》，来一段怎么样？"沈雁冰表示同意。于是郑振铎拿过书来点回目，沈雁冰随点随背，一口气竟背了半个多小时，一字不差。同席者无不为他的惊人记忆力所折服。

茅盾一生读书甚博，学贯中外。他在《我阅读的中外文学作品》手笺上写道："青年时我的阅读范围相当广泛，经史子集无所不读。在古典文学方面，任何流派我都感兴趣，例如汉赋及其后的小赋，我在青年时代也很喜欢。至于中国的旧小说，我几乎全部读过（包括一些弹词）。这是在十五六岁以前读的（大部分），有些难得的书（如《金瓶梅》等）则在大学读书时读到的。对于外国文学，我涉猎的范围也相当广，除英国文学外，其他各国文学我读的大半是英文译本。"

如何阅读文学名著呢？结合自己的读书经验，茅盾在《杂谈文学修养》中建议，读著名最起码读 3 遍。第一遍是粗读，快读。"好像在飞机上鸟瞰桂林城的全景"，主要引起"情感上的感动"。第二遍是慢读，细细咀嚼，注意篇章结构。第三遍是精读，要一段一段地读，注意炼句炼字。后两遍要让理智活动起来，不仅要分析技巧，而且要"想到作者的思想，要看到作者在这篇里写的是什么社会问题，写了哪几个典型人物，再想想他用怎样的形象表现出来"。同时，还应以社会科学书籍参照来读，比如"托尔斯泰善写俄国的农民，所以我们最好能找一本讲俄国农民的书来读"。

茅盾在他的一生中笔耕不辍，也从没有停止过阅读。在他 1943 年

10月所写的一篇文章《爱读的书》里，人们再一次领略了这位大文豪的读书心法。以下是这篇"读书心得"式散文的部分内容：

……

自来的文字作品，粗粗可分为历史的，当代现实的和幻想的（灵怪变异）三类。历史的与当代现实的两类，都以人事为描写对象，但历史的作品其人其事及其环境，生活方式习惯等，和当代的现实是有不少距离的；至于幻想的一类，或写鬼神精怪，或以禽兽拟人，总之其对象非人。然而这三类中的杰作，一样可以使人百读不厌。这未必是因为生于今日的人看厌了现代生活而想换换口味吧。真正的原因，恐怕还是在于历史和幻想的作品之杰出者是包含了人们所企求的真理，赞美了人们之所好，而指斥了人们之所恶的。

所以我们的"兴趣"，有时会从现代转到古代，乃至子虚乌有的幻想的世界。我个人爱读的文学作品，就有不少历史和幻想的。

在中国古典作品中，很少有好的历史小说。虽然"演义"是中国小说的一大宗派，但除了《三国演义》和《水浒传》外，耐人再三咀嚼的作品好像也不多，而我尤爱《水浒传》。这两部大作，虽同属"讲史"之流，不过也有不同之处。《三国演义》被称为"无一事无来历"，此所谓"来历"，主要是前人的记载。《水浒传》也有"来历"，却不是前人的记载，而是当时的民间传说。这一点差别，就使得《水浒传》中间几个主要人物的性格更为读者所爱好了，描写的技巧，《水浒传》也比《三国演义》更好。例如林冲和杨志，鲁达和武松，都是直写到他们的故事的末了，性格的发展才告一结束。但因他们的故事的发展常常被别人的故事所间隔，所以匆忙的读者每每失却了注意，如果把林冲或杨志的故事首尾自相连接，另写为单独的故事，我以为对于人物性格描写的学习必大有裨益。

大仲马的《三个火枪手》，也是我所爱读的。我读过这书的英文译本，也读过伍光健先生的中译本。伍先生的译本是节本，可是我觉得经他这一节，反更见精彩。大仲马描写人物的手法，最集中地表现在达特安这人物的身上（要研究达特安的性格发展，还须读《达特安三部曲》的第二部即《三个火枪手》的续编《二十年以后》，中文伍译

《续侠隐记》）。达特安个性很强，然而又最善于学习他人之所长。达特安从他的朋友们（三个火枪手）身上学取了各人的优点，但朋友们这些优点到达特安那里就更成达特安固有的东西了。我们并看不出他有任何地方像他的朋友，达特安还是达特安，不过已经不是昨日的达特安。而这样的性格发展的过程，完全依伏于故事的发展中，完全不借抽象的心理描写或叙述。

托尔斯泰的《战争与和平》和《安娜·卡列尼娜》，不用说也是我最爱读的。关于这两部巨著，值得我们佩服的，就不单是人物性格的描写了。一些大场面如宴会、打猎、跳舞会、打仗、赛马，都是五色缤纷，在错综中见整齐，而又写得多么自然，毫不见吃力。这不但让《水浒传》望尘莫及，即使大仲马的椽笔比之亦有逊色，然而托翁作品结构之精密，尤可钦佩。以《战争与和平》而言，开卷第一章借一个茶会点出全书主要人物和中心的故事，其后徐徐分头展开，人物愈来愈多，背景则从圣彼得堡到莫斯科，到乡下，到前线，回旋开合，纵横自如，那样的大篇幅，那样多的人物，那样纷纭的事故，始终无冗杂、无脱节。司各特的历史小说写场面、写人物，都不能说不为卓杰，结构也极其严谨，然而终不及托翁的伟大和变化不拘。所以我觉得读托翁的大作至少要做3种功夫：一是研究他如何布局（结构）；二是研究他如何写人物；三是研究他如何写热闹的大场面。

……

至于反映当代现实的作品，我所爱读的范围就很大了。清末的"谴责小说"，当代自鲁迅先生以至各作家的作品，不及列举。我有一个见解：凡同国同时代的作品，对于一个写作者或多或少总有助益，我们从鲁迅的作品固然得到的益处很多，但从一个青年作家的作品里，也常有所得，例如一个口语的巧妙活用，一二新鲜的感觉，新颖的句法，都能够给我们以启迪。即使是描写失败之处，也因其能使我们借鉴而预防，故变有益。但是同时人的作品如果意图歪曲现实，或只在供人消遣的，那就不是我所愿意领教的了。

同样，我也抱了这见解去读当代中外国人的作品：高尔基和其他苏联的有名作家，巴比塞、萧伯纳、德莱塞——也曾醉心于罗曼·罗兰。高尔基的作品使我增长了对现实的观察力（这跟鲁迅的作品给我的最大益处是相同的），而其特有的处置题材的手法，也使我在所知的古典作品的手法之外，获见了一个新的境界。可惜不懂原文，英译和中译的高尔基作品，狂妄地批评一句，可使我满意者不多，大概高氏的那种强悍而明快的风格（据一些外国评论家所说）难以表现在非俄罗斯的文字中吧？正如鲁迅作品的风格，在英文译本中总比原文逊色些。

人物小传

茅盾（1896—1981），本名沈德鸿，字雁冰，生于浙江桐乡县乌镇。国共合作破裂之后，自武汉流亡到上海，后又流亡到日本，开始写作《幻灭》《动摇》《追求》和《虹》，遂拿起小说家的笔。这段上层政治斗争的经历铸成他的时代概括力和文学的全社会视野，早期作品的题材也多取于此。左联期间他写出了《子夜》《林家铺子》《春蚕》。抗战时期，辗转于香港、新疆、延安、重庆、桂林等地，发表了《腐蚀》《霜叶红似二月花》《锻炼》等。新中国成立之后，他历任文联副主席、文化部长、作协主席，并任全国政协副主席，已很难分身创作。后写作《霜叶红似二月花》的"续稿"和回忆录《我走过的道路》。

不能叫书管着我——老舍谈阅读

　　著名作家老舍写过一篇《著者略历》的自传，其中讲到自己的阅读生平。他说："幼读三百千，不求甚解，继学师范，遂奠教书匠之基……二十七岁，发愤著书，科学哲学无所懂，故写小说，博大家一笑，没什么了不得……书无所不读，全无所获，并不着急。教书做事，均甚认真，往往吃亏，亦不后悔。"这段文字，形象地概括了老舍的读书经历。他 7 岁读塾，10 岁入市立小学。旧式的教学使他厌恶，敬而远之。后来，他进中学念书，只读了半年，因为付不起学费，转考免费的北京师范学校，毕业后当上了教书先生。如果按常规走下去，他终究只能是个人云亦云的教书匠罢了。但老舍先生从传统的文化模式中跳了出来，用他那支生花之笔刻画出多少栩栩如生的人物，多么斑斓纷纭的社会风情。这不能不赖于他独具的阅读方式。老舍是怎么阅读的呢？

　　首先，广读，泛读。他自认"阅读没有系统"，实际上正像是蜜蜂采花粉那样，广采博取。凡是他觉得有用的知识，都尽量广泛地涉猎。正像他说的，"借着什么，买着什么，遇着什么，就读什么。不懂的放下，使我糊涂的放下，没趣味的放下，不客气，我不能叫书管着我。"

　　其次，快读，跳读。老舍说自己读书常常"读得很快，而不记住"。这实际是一种适应短期吞吐大量信息的快速阅读法。对此，他曾幽默地说："读得快，因为我时常跳过几页去。不合我的意，我就练习跳远……看侦探小说的时候，我先看最后的几页，省事。"

　　再次，细读，精读。广读、泛读、快读、跳读，并不意味着老舍不细读、精读。他曾把但丁《神曲》的几种英译本，无论是韵文还是散文，都仔仔细细地读过一遍，不光读原著还读评论，并且搜集了许多关于但丁的论著。但丁的《神曲》使他明白了文艺的真谛。1921 年至 1929 年间，老舍读近代英法小说，也是采用此法。他顺藤摸瓜，读过名家的一本名著，便又找来他的另一部，一直追寻下去。"昼夜地读小说，好像落在小说阵里。"那一段，他从法国的福楼拜、莫泊桑的小说里，汲取了不少有益的创作精华。

除读书外，老舍还十分注重向社会学习，"熟读社会人生"，从社会中获得各种直接的经验与知识。他的名著《骆驼祥子》，就是他深入人力车夫中体验生活，直接从小茶馆与大杂院，以及车厂汲取原材料，从而创作出来的作品。

人物小传

老舍（1899—1966），原名舒庆春，字舍予，另有笔名絮青、鸿来、非我等，满族，北京人，现当代作家。1918 年北京师范学校毕业后任小学校长和中学教员。1924 年赴英国任伦敦大学东方学院汉语讲师，阅读了大量英文作品，并从事小说创作，1926 年加入文学研究会。1930 年回国后任济南齐鲁大学、山东大学教授。在创作上，以抗战救国为主题，写了各种形式的文艺作品。1946 年应邀赴美国讲学一年，期满后旅居美国从事创作。参加政治、社会、文化和对外友好交流等活动，重视对青年文学工作者的培养和辅导，曾因创作优秀话剧《龙须沟》而被授予"人民艺术家"称号。"文化大革命"初期因被迫害而弃世。

厚今薄古，古为今用——王力谈阅读

王力先生的阅读观，概括起来有3点：

1. 读书要有选择

王力先生认为："好书才读，不好的书和没用处的书就不读。"因为人的时间和精力都有限，要把有限的时间和精力用在刀刃上。然而，好书和有用的书的标准是什么呢？这要根据每个人所学的专业、从事的工作来定。一般地说，与专业有关的、与工作有关的，能学以致用，产生经济或思想建设效益的就是好书和有用之书，对这些书，必须认真读、每天读、反复读，这就叫去粗取精。至于那些休闲书，只要是内容健康的，作为生活中的"调味品"，也可浏览，但那不是什么读书的问题，另当别论。

2. 读书要由博返约，在博的基础上达到精

王力先生认为："我们研究一门学问（或者说读哪一个专业，做哪一种业务工作），不能说限定在哪一门学问里的书我才读，别的书就不念。"因为只读某一门学问的书，知识面就太窄了，碰到别的问题你就不懂了。他举了一个例子："搞汉语史的，除了汉语史的专著要读，还有（与之相关的）很多别的书也要认真读，首先是历史，其次是文学。"没有广博的知识基础，专业的"金字塔"是筑不起来的。"博"就好比塔基，"精"就好比塔尖，两者是相辅相成的。

3. 读书要厚今薄古，古为今用

王力先生认为："古书是古人知识和经验的记载和总结。"时代在发展，社会在进步，今人在继承古人知识和经验的基础上，根据时代和社会发展、进步之需要，对旧知加以修正，不断充实，不断创新，增加了新知。因此，今人的著作中无不包含对旧知精华的肯定，我们读书就不必再钻进纸堆里去重复古人的经验，而要把精力和时间放到

利用已知去探索和创建新知，促进社会的发展和进步。

根据这样的读书观，王力先生提出了4点读书方法：

1. 要读书的序例（即"序文"和"凡例"）

人们拿到一本散溢着油墨清香的新书，往往迫不及待地跳过目录，直接读起正文来。王力教授却不是这样，他拿到一本书后总是先读序言和凡例。有些书的序言装在书末，他就把序言提到前面来读。王力教授为何如此看重读序呢？在一次与北大研究生的谈话中，他举了个简单的例子：譬如研读我国第一部用近代理论研究古汉语规律的著作《马氏文通》，如果不读序，用传统汉字学的眼光看正文，就很费力，甚至不知所云。反之，如果我们先读序，则序里的一句话"会集众字以成文，其道终不变"就会使我们明白，许多单词集合起来组成文章，语法有其稳定性。序里还说："字之部分类别，与夫字与字本配成句之义。"意思就是研究语法，首先要分清词类，然后再看这些词跟其他词怎么搭配成句子。了解了这些，读正文时就会得到指导，感到方便。因此，王力教授特地强调说："序例常常讲到写书的纲领、目的，替别人作序的，还讲书的优点。凡例是作者认为应该注意的地方。这些我们切勿忽略。"他要求研究生们重视阅读序文和凡例，这样往往能首先在总体上把握全书的特点和大致内容。然后，再去具体阅读各个章节。

2. 要摘抄内容并做读书笔记

王力教授认为，应该在重要内容旁边圈点（必须是自己的书），然后抄在笔记本上，再加以评论，这样做能养成和提高发现问题、分析问题、解决问题的能力。这种能力比获得知识更为重要。

3. 在书上作眉批（如果书不是自己的可写在读书卡片上）

王力教授指出："看一本书如果自己一点意见都没有，可以说你是没有好好看。"眉批的内容很多：可以评好，也可以评不好；评好在哪里，不好在哪里；评为什么好，为什么不好；也可以发表个人见解，如同意什么，反对什么，为什么同意或反对；还可以借题发挥，由此及彼，谈自己的收获和感悟。

4. 写读书报告（即书评）或读后感

把摘录的内容、眉批的文字同自己的总的感受、收获结合起来，由点到面，由浅入深，全面系统地对整本书内容、观点、构思、文字作总评式的回顾。这种方法既有利于加深对所读之书的全面理解，又有助于学用结合，知能转化，更能培养和提高创新意识和独立思考能力以及文字表达能力。

人物小传

　　王力（1900—1986），广西博白人，著名语言学家、教育家、诗人和翻译家。1931年获得法国文学博士学位。1932年回国后，先后在清华大学、燕京大学、西南联大、中山大学等校从事教学研究工作，并曾担任北京大学中文系主任、中国文字改革委员会副主任委员、中国语言学会名誉会长、全国政协常委等职。主要著作有《中国现代语法》《汉语诗律学》《中国语言学史》等。

随缘中讲求章法——梁实秋谈阅读

梁实秋一生涉猎古今中外名著，读书极为广博，熟谙中国文学和历史，曾精研佛经禅学，又是英国文学史专家。他在《影响我的几本书》中写道："阅读如交友，也靠缘分，吾人有缘接触的书各有不同。我读书不多，有缘接触了几部难忘的书，有如良师益友，获益匪浅。"他自述受益最大的 8 部书是：《六祖坛经》《水浒传》《胡适文存》、白璧德的《卢梭与浪漫主义》、叔本华的《隽语与箴言》、司汤达的《对文明的反叛》、卡莱尔的《英雄与英雄崇拜》、奥勒留的《沉思录》。

梁实秋阅读强调情趣，不必呕呕于功名利禄，无须孜孜于富贵荣华，但求内心的丰盈和适意。他讨厌"书中自有黄金屋、书中自有颜如玉"的"劝学文"，主张读书尚友古人，才不失雅人深致。他在《书》一文抒写了阅读之乐趣："古圣先贤，成群的名世的作家，一年四季地排起队来立在书架上面等候你来点唤，呼之即来挥之即去。行吟泽畔的屈大夫，一邀就到；饭颗山头的李白、杜甫也会联袂而来；想看外国戏，环球剧院的拿手好戏都随时承接堂会；亚里士多德可以把他逍遥廊下的讲词对你重述一遍。这真是阅读之乐。"

读书人总希望拥有自己的书房。梁实秋在《雅舍小品》中对书房的布置与用途颇为务实。他认为："一个正常的良好的人家，每个孩子应该拥有一个书桌，主人应该拥有一间书房。书房的用途是庋藏图书并可读书写作于其间，不是用以公开展览借以骄人的……书房不在大，亦不在设备佳，适合自己的需要便是。局促在几尺宽的走廊一角，只要放得下一张书桌，依然可以作为一个读书写作的工厂，大量出货。光线要好，空气要流通……书房的大小好坏，和一个读书写作的成绩之多少高低，往往不成正比例。有好多著名作品是在监狱里写的。"

另外，梁实秋先生认为行万里路不如读万卷书，尤其是年轻时机缘稍纵即逝，务必好好把握读书的时效。

根据梁实秋先生的阅读经验，读书一定要有计量，要注重读书的纪律。

他年轻的时候，读书是看兴趣而定，什么书热门就读什么，漫无目标，毫无章法。等到毕业后需要学以致用，才发现根基不深，该读的书都没有读到。

所以，梁实秋先生特别叮嘱，老师指定的书才是基本知识的宝库，千万不可偏废。

在书目的选择上，版本的好坏十分重要，永远都要记得使用最权威的版本，最好能自备一部，以便随时翻检批点。此外，相关书籍后面的"参考书目"也要注意，这是获得资讯最直接、有效的方法。

梁实秋安排阅读时间，采取分段阅读法；一本好的书不一定要马不停蹄地一口气读完，每天固定抽出一段时间来看，固定速度，固定页数，持之以恒，慢慢领悟书中含义，收获更多。

梁实秋自认年轻时犯下的阅读毛病与现代学生的通病仍十分相似，所以提出他的针砭之道，如同对现在读书人的当头棒喝。

人物小传

梁实秋（1903—1987），著名文学评论家、散文家、翻译家。曾与徐志摩、闻一多创办新月书店，主编《新月》月刊。后迁至台，历任台北师范学院英语系主任、英语教研所主任、文学院院长。代表作有《雅舍小品》《雅舍谈吃》《看云集》《偏见集》《秋室杂文》、长篇散文集《槐园梦忆》等。译有《莎士比亚全集》等。

如牛反刍般阅读——巴金谈阅读

和众多的名家相比，巴金的阅读方法十分奇特，因为他是在没有书本的情况下进行的。读书而无书的确算得天下一奇了，这到底是怎么回事呢？巴金说："我第二次住院治疗，每天下午睡不到一小时，就下床坐在小沙发上，等候护士同志两点钟来量体温。我坐着，一动也不动，但并没有打瞌睡。我的脑子不肯休息。它在回忆我过去读过的一些书，一些作品，好像它想在我的记忆力完全衰退之前，保留下一点美好的东西。"原来他的阅读法就是静坐在那里回忆曾经读过的书。在他看来，这样有许多好处。

1. 温故而知新

通过回忆，将过去读过的书拿出来一点点地咀嚼，就如牛反刍一样，能进一步消化吸收。每回忆一次都会有新的理解，新的认识，新的收获。

2. 不受条件限制，可以充分利用时间

巴金列举了两个例子：一个是苏联卫国战争期间，列宁格勒长期被德军包围的时候，有一位少女在日记中写着"某某型，《安娜·卡列尼娜》"一类的句子。当时没有电，也没有蜡烛，整个城市实行灯火管制，她不能读书，而是在黑暗中静坐回忆书中的情节。托尔斯泰的小说帮助她度过了那些恐怖的黑夜。另一个例子是他自己的亲身经历。他说："'文革'期间要是造反派允许我写日记，允许我照自己的意思写日记，我的日记中一定写满了书名。人们会奇怪：我的书房给贴了封条，加上锁，封闭了10年，我从哪里找到那些书来阅读？他们忘了人的脑子里有一个大仓库，里面储存着别人拿不走的东西。"这两个事例说明，在不具备正常阅读条件的情况下也可以"读书"。

3. 不断地从已阅读过的书中汲取精神力量

巴金说："我现在跟疾病作斗争，也从各种各样的作品中得到鼓励……即使在病中我没有精力阅读新的作品，过去精神财富的积累也够我这有限余生消耗的。一直到死，人都需要光和热。"

人物小传

巴金，原名李尧棠，字芾甘，笔名佩竿、余一、王文慧等。1904年出生于四川成都。1927年初赴法国留学，写成了处女作长篇小说《灭亡》，发表时始用巴金的笔名。1928年年底回到上海，从事创作和翻译。从1929年到1937年，创作了主要代表作长篇小说《激流三部曲》中的《家》，以及《海的梦》《春天里的秋天》《砂丁》《萌芽》（《雪》）、《新生》《爱情的三部曲》等中长篇小说，出版了《复仇》《将军》《神·鬼·人》等短篇小说集和《海行集记》《忆》《短简》等散文集。以其独特的风格和丰硕的创作令人瞩目，被鲁迅称为"一个有热情的有进步思想的作家，在屈指可数的好作家之列的作家"。新中国成立后，巴金曾任中国作家协会主席、全国政协副主席等职，并主编《收获》杂志，写有随笔集《随想录》5卷以及《巴金六十年文选》《创作回忆录》等多部作品。

心中要有个评价标准——臧克家谈阅读

他在《读书学习的零星感想》一文中说："我喜欢看书，但既无系统，又不专注。看书为了增加一点知识，不是为了研究。"他又说自己"读得很杂，但连个'杂家'也说不上"。这些都是他的自谦之词。其实，从他漫长的读书生涯和一些回忆中，我们还是可以大致寻到他阅读的一些主要方法和脉络。

1. 态度认真，进行圈点和旁注

臧克家说自己阅读前人的作品和书籍，大有不求甚解之意。但他在读的时候，又非常认真。他说："读的时候，浓圈密点，旁注，十分认真，一句一字也不放过。求真吃尽其中味。"此外，他认为"对作者的感情、思想、所处时代环境以及文艺表现特点，都要求大体了解"。这说明，他在提倡认真读书的同时仍有轻重之分，哪些是一句一字也不能放过，哪些只求大体了解。

2. 博中求精，多而专一

臧克家在阅读方面虽然主张精力应尽量集中在一点上，认为"学术部类繁多，一个人能力再大，天才再高，也不可能样样都精，成为多方面的专家"，但他并不认为其他学问就可一概放弃，其他书籍就可一概不读，恰恰相反，他认为学科之间是相通的。他说："学问虽然门路很宽广，但彼此都有牵连，即使科学与文艺，也绝非别如天渊。"所以，他建议，如从研究的角度看，"应当选定一门，全力以赴，但选定一门，又必须懂得多门。博中求精，多而专一。"

3. 应把精力集中在一点上

臧克家曾说，他数十年来虽然以文学创作为主，但大半时间仍用在读书上。他读书的范围相当广，"什么经呵，史呵，集呵，都想摸一摸，还热心读一些报刊上的讨论文章。"由于不是为了研究，就"不集中在一个目标上，读得很杂"。时间一久，他发现这样于学无益，又发现许多认识的专家朋友几十年来读书，多把精力集中在一点上，这样容易出成绩。于是，他把阅读偏重到文艺方面去，以后又偏重古典文艺作品，对诗词兴趣尤浓。

4. 心中有个评价标准

臧克家承认，每个人都有自己喜欢或偏爱的作家和书籍。拿他本人来说，对古代诗人就偏爱杜甫和苏东坡。但对他们的文学作品"并不盲目称颂"。因为他感到"不论多伟大的作家，也并非字字珠玑"。在这个观点上，他提出了这样的读书方法："我们读古，尊敬古人，但不应迷信古人。应该心中有个自己的评价标准，拿它去衡量一切作品。"

当然，臧克家自己也承认，要在心目中定出一个比较合理科学的评价标准，并不是很容易的，"这需要多种条件。这与个人的人生观、文艺观是分不开的。"因此，阅读实际上与一个人的生活阅历和经验也是很有关系的。

人物小传

臧克家，著名诗人。1903 年出生于山东诸城。1933 年出版了第一部诗集《烙印》，这是他最具影响的作品。这部诗集真挚朴实地表现了中国农村的破落以及农民的苦难、坚忍与民族的忧患。此后，他陆续出版的诗集及长诗有《罪恶的黑手》《自己的写照》《泥土的歌》《宝贝儿》《生命的零度》等。新中国成立后，臧克家多作政治抒情诗，《有的人》是他这类诗中的代表作。该诗是为纪念鲁迅逝世 13 周年而作，它的独特之处在于表现具有哲理意义的主题：人是为了多数人更好地活着而活着。事实上，这一主题已超出歌颂鲁迅精神的范围，而将读者引入对人生的更深层的思考。语言朴素、对比强烈、形象鲜明是这首诗的艺术特色。

做人第一，读书第二——傅雷谈阅读

傅雷一生博览群书，在文学、绘画、音乐等各个领域都有着深厚的造诣，他对两个儿子的教育培养也要求极高。

次子傅敏曾回忆说，刚进入初中，父亲就要求他读《古文观止》。傅雷对儿子说："这个古文选本，上起东周，下迄明末，共辑文章220篇，能照顾到各种文章体裁和多方面的艺术风格。其中不少优秀文章反映了我国古代各家散文的不同风貌，如《战国策》记事的严谨简洁；纵横家说理的周到缜密，《庄子》想象的汪洋恣肆……无论说理、言情、写景、状物，均堪称典范，会对你的古文学习和修养有很大帮助。"他每星期天选择其中一篇详细讲解，孩子读懂后便要背诵。

一次，傅敏由于忙于球赛而未能背出《岳阳楼记》，垂着头，心中忐忑不安，等着接受父亲批评。平时对儿子要求极严的傅雷这回没有发脾气，使劲吸着烟，半晌才缓缓地说："过去，私塾先生要学生背书，子曰、诗云，即使不懂，也要鹦鹉学舌地跟着念和背。诚然，死记硬背不宜提倡。然而平心而论，似也有其道理。七八岁的孩子，记忆力正强，与其乱记些无甚大用的顺口溜，不如多背些古诗古文。中国的好诗文多得很。一首首一篇篇地储存在脑子里，日子长了，印象极深。待长大些，再细细咀嚼、体味，便悟出了其中意义。这叫作'反刍'。若到了二三十岁，甚至更晚才开始背，怕也难记了。'少壮不努力，老大徒伤悲'，这都是经验之谈哪……"望着已经知错的儿子，傅雷翻开《岳阳楼记》这一篇，让儿子高声朗读，然后意味深长地说："范仲淹登岳阳楼，将览物之情归纳为悲喜二意，指出古之仁人忧多而乐少。然后说明自己之忧乐俱在天下，正见他确实不以物喜、不以己悲之真意。还记得陈子昂的《登幽州台歌》吗？""记得'前不见古人，后不见来者，念天地之悠悠，独怆然而涕下'。"傅雷点点头，"那么你想想看，为什么同样登高望远，同样登岳阳楼，所见之景是一样的，而他的想法与别人不同？他能写出'先天下之忧而忧，后天下之乐而乐'的抱负，和他的经历、思想有什么联系？全文是怎样一层层展示它的中心的？"

望着父亲那眼镜片后慈祥、智慧的目光，傅敏重重地点点头。20多年后傅敏回忆起来，耳边似还响起父亲那熟悉的声音："做学问需要切切实实地下功夫，不能自欺欺人呵！"

长子傅聪在傅雷的影响下，从小熟悉了贝多芬、克利斯朵夫等，培养了对音乐的浓厚兴趣，并在父亲严格执教下学习音乐，练习钢琴，从而走上成才之路。1954年傅聪赴波兰参加国际钢琴比赛，取得优异成绩，并引起轰动。评委们听到傅聪所奏的西洋曲子里隐隐约约地糅合了唐诗的意境，感到不可思议。将东西方文化交融成了傅聪成功的秘诀。

《傅雷家书》是傅雷写给在海外学习的儿子的部分家信。它记载了父辈对儿辈的精神上的家训，记载了一位历经沧桑的长者对才华横溢但又初入社会的青年人的忠告。

可见，傅雷是把读书与做人、读书与艺术紧密联系在一起的。他希望儿子能成为德艺俱备、人格卓越的艺术家。事实也真像傅雷所期望的那样，傅聪在异国漂泊的生活中，从父亲的书信中，从父亲所推荐、所分析的一系列书籍中汲取了丰富的精神和艺术的养料，从而对人生有更深切的了解，对艺术有更诚挚的爱。这使他不管在人生旅途中遭到怎样的风浪和坎坷，都始终不忘自己是一个中国人。

人物小传

傅雷（1908—1966），我国著名文学艺术翻译家，从20世纪30年代起，致力于法国文学的翻译工作，以启迪民智、拓展读者精神视野为己任，毕生翻译作品30余部，主要有罗曼·罗兰长篇巨著《约翰·克利斯朵夫》，传记《贝多芬传》《托尔斯泰传》；巴尔扎克著作《高老头》《欧也妮·葛朗台》《贝姨》《邦斯舅舅》《亚尔墙·萨伐龙》

《夏倍上校》《都尔的本堂神甫》《幻灭》《赛查·皮罗多盛衰记》《于絮尔·弥罗埃》；伏尔泰的《老实人》《天真汉》《查第格》；梅里美的《嘉尔曼》《高龙巴》；丹纳名著《艺术哲学》等。写有《世界美术名作二十讲》专著，以及《贝多芬的作品及其精神》等散文。

由薄到厚，由厚到薄——华罗庚谈阅读

纵观华罗庚先生的一生，其治学阅读的严谨态度和独到方法让人很有感触。大致归纳起来，他阅读方法的要点有：

1. 用慢工夫打基础

阅读，谁都想取得既快又好的效果。我国著名数学家华罗庚为了提高读书的效率，先用慢工夫打基础，然后再逐步加快进度，因而收到了很好的效果。

华罗庚刚开始自学时常犯急躁病，一个劲儿地加速，结果所学的知识成了"夹生饭"。这个教训使他领悟到：片面求快不符合读书的辩证法。后来，他宁愿比在学校里学得慢些，练习做得多些，结果用了五六年时间才学完高中课程。看起来，高中课程学得慢了一些，但因为学得扎实，所以给后来学习大学课程带来了方便。

2. "厚薄"法

读书要"由薄到厚，由厚到薄"。华罗庚提倡读书多做笔记，多做习题。通过多做笔记，多做习题，就把薄书读成了厚书，因为有了大量的训练，就对书中的基本原理、论证核心逐步有了深刻了解，将其提炼出后，其余部分都是融会贯通的结果了，而基本原理、论证核心是不多的，所以又把厚书读成了薄书。

这个"由薄到厚，由厚到薄"的过程与王国维的"境界说"有异曲同工之妙。由薄到厚的过程是"昨日西风凋碧树，独上高楼，望尽天涯路"，由厚到薄的过程是"衣带渐宽终不悔，为伊消得人憔悴"，而最后的结果是"众里寻他千百度，蓦然回首，那人正在灯火阑珊处"。这个过程是艰辛的，而且通常未必能够走到最后，但如果没走过这条"由薄到厚，由厚到薄"的路，却想有些成绩，必会更加艰辛。

3. 推想法

一本书拿到手后，他不是迫不及待地把书打开，而是先对着书名思考片刻，然后，开始闭目"想书"。他首先回顾过去所读的同类书籍的一般写法和通常观点，然后设想要是这个题目到了自己手里，自己应该怎样来"做文章"。待这一切全部想好后，再开卷翻阅。这一来，凡是其他书上已说过的而且自己也熟知的内容，就不再看了，专门去读书中那些独到之处。看完一本书后，并不是把整本书原封不动地装进脑子里，而是添上一些自己所不知的新东西。如此自然举重若轻，读得既快又好。

华罗庚是自学成才的典范，不过其求学思路与某些自称"自学成才"的"民间科学家"迥然不同，这值得每一位学生学习。

人物小传

华罗庚（1910—1985），江苏金坛人，当代杰出数学家。小时候因家庭贫穷拿不出学费而中途退学，故一生只有初中毕业文凭。但他凭着自己的毅力，用5年时间自学完了高中和大学低年级的全部数学课程。20岁时，他以一篇论文轰动数学界。1938年，华罗庚在昆明郊外一间牛棚似的小阁楼里艰难地写出名著《堆垒素数论》，系统地总结、发展与改进了哈代与李特尔伍德圆法、维诺格拉多夫三角和估计方法及他本人的方法，发表40余年来其主要结论仍居世界领先地位，先后被译为俄、匈、日、德、英文出版，成为20世纪经典数论著作之一。他坚持到群众中去，第一次使数学从书本走向生产实践，在应用数学的推广方面取得了举世瞩目的成绩，被广大群众誉为"人民的数学家"。

看书忌虚荣——黄永玉谈阅读

　　黄永玉的一生硕果累累，尤其是他的随和、睿智、灵性和恬淡让人对他倍增景仰之情。然而，他全靠自学成才，没有受过多少正规的教育。对此黄永玉从不讳言："我初中没毕业，没有系统的学问，没有主导思想，几十年来，我爱看什么书就看什么书，所以我说啊，我的阅读方法是不足为范的！"

　　是否真的不足为范？其实，黄老先生今天的成就和学问造诣跟他独特的看书方法有密切关系。老先生常说他很少"读书"，事实上他是一个经常看书甚至无书不能成眠的"书痴"。

　　关于这一点还有一段趣事，说黄老先生到一个小县城办点事儿，忙中没有带书，夜里投宿于一宾馆，脑袋咕咕作响，无奈，拿起床边柜上的电话簿就啃，直至精神饱足才呼呼入睡。

　　在《黄永玉自选集》中，黄老先生对自己的人生曾有这样的总结："如果说我一生有什么收获和心得的话，那么就是：一是碰到许许多多的好人；二是在颠沛的生活中一直靠书本支持信念。"

　　可想而知，书本在黄老先生心目中的分量。不过，令人不解的是，他一向不强调看书的"用处"。

　　"我看书，不是为了增加本钱，甚至不是为了增加什么艺术或文化修养，我不用理会读书究竟对我有什么帮助，对画画有什么作用，读书就像吃东西那么自然，饿了就找东西吃嘛！"

　　这种"无为"的读书方法，反而更能叫读书的人自然成长，正如他自己所说的："书本的知识就渗透在你的骨骼和血液里。"

　　虽说是"无为"，但从结果来看是十分"有为"的。黄老先生自己也承认，虽然他没有刻意地发展一套理论，但有一日，别人会从他的小说里看到他的主导思想。读书的艺术家必然会将阅读的知识和领悟反映在自己的作品中。

"哪些是不读书的画家，你是一眼就看得出来的！"他举了一个例子，少年时，他看过莱伊尔的《地质学原理》和达尔文的《在贝尔格军舰上的报告书》，其中有关军舰、地质学、岩石学、环境学的知识，这对他作画有很大帮助。"你画岩石，总不能将水成岩和火成岩画在一起吧！这是常识啊！"

他将书籍比作粮食，而在他看来，自己就是属于吃杂食的人。

"我这人读书很杂，什么奇门遁甲，我都看，我看书不是为一时之用，但有朝一日会有用也说不定。那时，我会记得，我曾看过一本有关这方面的书啊！我就懂得去找。"

黄永玉曾说，他不会因为某位重要人物看过某本书他就去看，有些人看书是为了虚荣，书架上放满了名著，事实上书本对于他们只是一种装饰，一种炫耀。"曾经有人这样对我说：'以后你买书时，可否给我多买一套一样的？'我没有答应，只有不看书的人才会做出这种要求！"

"有人让我介绍10本书，实在是做不到，我要是真的给你10本书名，人家会笑我，为什么是这10本呢?! 对人有益的书，又何止10万本呢！"黄永玉曾给媒体记者介绍过一件文化界逸事。

据说某期刊举办一个"青年必读书"的活动，青年作家施蛰存推荐了《庄子》和《文选》，鲁迅知道后就写文章骂他说："国家现在陷入危难中，你还叫人去读这些没用的书。"事实上，鲁迅曾以"多读外国书少读中国书"来鼓励青年人多培养智慧和广阔的视野。施蛰存不服，回文反击说，期刊活动的主旨是有关如何做文章的问题，而鲁迅先生也曾说"少读中国书不过不能为文而已"，可见要做文章一定要读中国书。黄老先生认为这次的争议很有意思。

黄老先生说，他曾受鲁迅观点的影响，年轻时看了很多外国翻译书，其中一本是法国作家罗曼·罗兰写的《约翰·克利斯朵夫》，那时他在某中学当教员，每逢星期日他就跑到书局，站上一天看书，回家前就将看到的那页页角折起以作记号，到下个星期日，他从那页开始读起，就这样，他把一套4册的《约翰·克利斯朵夫》站着读完了。

人物小传

　　黄永玉，1924 年生于湖南省凤凰县，土家族，笔名黄可宾、黄牛、牛仔、张观保，受过小学和不完整初级中学教育。16 岁开始以绘画及木刻谋生。曾任瓷场小工、小学教员、中学教员、家众教育馆员、剧团见习美术队员、报社编辑、电影编剧及中央美术学院教授、中国美术家协会副主席。自学美术、文学，为一代奇才，他设计的猴票和酒鬼酒包装家喻户晓。其人博闻强识，诗书画俱佳，亦是诗、杂文、散文、小说、剧本的大家，写过并出版过多种画册，并有《永玉六记》《吴世茫论坛》《老婆呀，不要哭》《这些忧郁的碎屑》《沿着塞纳河到翡冷翠》《太阳下的风景》《无愁河的浪荡汉子》等书。画过《阿诗玛》、生肖邮票《猴》和毛主席纪念堂山水画等。在澳大利亚、德国、意大利和中国内地及中国香港地区开过画展，其美术成就曾获意大利共和国骑士勋章。

推想式读书法——李政道谈阅读

李政道的读书方法与众不同，他从青年时代起就形成了独特的推想式读书法。他读书时往往先看开头和结尾，然后认真推想这中间是怎么过来的，最后再看书是怎么写的。他认为，只有在读书中经过自己的积极思考，才能消化"别人"，读出"自己"。他称这种推想式读书法为"推读法"。

推读的形式很多，如读书名、读头尾、读内容提要、读半篇等。推读的过程实际上是假设与想象的过程，有助于在阅读中不断检验自己的思路并最终得出结论，而想象力正是人类探索自然规律的一种重要思维形式。推读，实际上是从书本中抓住问题，运用自己的创造性思维去解决问题，并追踪作者的思路鉴别检验自己的识见，可以有效地开拓思路；同时保持读书中的悬念，提高读书效率。推读法使李政道受益匪浅，在阅读中有效地培养与发展了自己的创造思维能力，而这种能力对一位科学家来说是至关重要的。

对于阅读的重要性，李政道有自己精辟的见解。他常说，人和猴子的最大区别是：人的知识是一代一代地积累起来的，可以用文字、书本积累前人的知识；而猴子的每一代只能通过细胞来遗传，它们的每一代个体都得从头学起。读书就是掌握前人知识的有效途径，非常重要。

李政道主张读书范围要广，他自己就是个文理兼优的科学家。他说："年轻的时候要对什么东西都感兴趣，要敢于提出问题，不要只看业务书，那太枯燥了，不能持久。看书不要只限于科技书，也可以看看文艺和科学幻想小说。"他呼吁青年人重视两件事："一是学习外语；二是广泛吸收知识。"

1957 年，在接受诺贝尔奖金的仪式上，李政道生动地谈到《西游记》中的故事："孙悟空尽管一个筋斗能翻十万八千里，但是翻来翻去还是没有翻出如来佛的手掌心。""在寻求知识的过程中，我们可能进展迅速，但必须记住，即使我们翻筋斗翻到如来佛的手指根上，我们距离绝对真理仍然是极其遥远的！"

李政道悟出，人们只能不断接近真理，但不可能穷尽真理。他没有陶醉于已取得的成就，仍然孜孜不倦地读书治学，继续攀登新的科学高峰。

人物小传

李政道，1926年生于上海，著名物理学家、美国哥伦比亚大学物理系教授、美国科学院院士、中国高等科学技术中心主任，浙江近代物理中心主任。1943年至1944年曾在浙江大学物理系就学。1956年与杨振宁教授一起获1957年诺贝尔物理奖。1994年被选为中国科学院首批外籍院士。他研究的课题，除高能物理、粒子物理外，还广泛涉及天体物理、流体力学、统计物理、凝聚态物理、广义相对论等领域。

要注重能力的培养——李泽厚谈阅读

李泽厚是我国当代著名的美学家，他之所以能在美学领域独树一帜，关键就在于他在阅读时特别重视能力的培养。

李泽厚认为，阅读学习有两个方面，除了学习知识外，更重要的是培养能力。知识不过是材料，培养能力比积累知识更为重要。所谓能力，一是判断的能力，例如一本书，一个观点，能够判断它正确与否，有无价值，以定取舍；二是选择的能力，例如一大堆书，选出哪些是自己最需要的，哪些是大致翻翻便可的。这是因为书的价值往往大有不同，有的书尝尝味就可以，有的要细细咀嚼，有的要快读，有的要慢慢消化，有的大可不必从头到尾去读，有的则甚至要读十几遍。即使看小说，也要有目的、有系统、有限制地看，只看那些值得一看的小说。比如看俄国小说，从普希金到高尔基，阅读那些名著，读完了，再读一两本《俄国文学史》。这样，将具体材料和历史的线索结合起来，就组建起了自己对俄国文学的认识结构。这也就是说，读书时一定要善于把所学到的知识组织起来，纳入自己的智能结构之中。即便是读某一本书，也同样面临选择的问题，即阅读时不必逐字逐句弄懂弄通，而要尽快抓住书里最主要的东西，获得总体的印象。这样做，不仅能最大限度地利用时间，提高单位时间的阅读效果，而且能够切实把握读物的精髓。

李泽厚还认为，要提高能力，知识应该广博一点，知识领域应该宽泛一点。他原先是学哲学的，但文、史、哲三方面的书他都看。上午读柏拉图，下午读别林斯基，别人认为没有联系，可他只是根据自己的计划去读。搞哲学研究为什么还要读文史方面的书？他说，搞哲学的缺点是"空"，不联系实际问题，抽象概念比较多，而好处是站得比较高；搞历史的弱点是"狭"，好处是钻得比较深，往往对某一点搞得很深，但对其他方面总以为和自己无关，因而不感兴趣；搞文学的缺点是"浅"，缺乏深度，但好处是比较博杂，兴趣广泛。因此只有广泛涉猎，才能兼收众长，并触类旁通，使自己的能力真正得到提高。他还特别强调学习历史是文科的基础，研究某一问题时，最好先读一两本历史书。这是因为历史揭示出一个事物存在的原因，从而帮助我们去分析它的现在和将来。总之，读书学习时不能搞狭隘的功利主义，而要从提高整个知识结构、整个文化素养去考虑。如果自己的知识面太狭窄，那么分析、综合、选择、判断等各种能力都必然会受到影响和限制。

另外，李泽厚先生认为，除了阅读要渊博之外，还要读得精。然而怎样才能做到既博又精呢？他的办法是，通过泛览达到博，在泛览的基础上挑几本精深的书来读，达到精。他上中学时，书看得相当杂，最爱读的是文学作品，对鲁迅、冰心的作品尤其感兴趣。但这并不妨碍他对自然科学的爱好，中学每次数理化考试，他的成绩都是第一名。但是，仅仅这样广泛涉猎，还不足以使人成才。于是，他又找来一些与自己研究方向有关的内容精深的书籍，认真研读。他从马列主义著作中学到了研究问题的立场和方法，从黑格尔的著作中学到了深刻的思考方式，鲁迅的著作更使他得到了莫大教益，对于他研究美学具有巨大的指导作用。李泽厚深有体会地说："这类书不用多，挑几本精读，读了以后顶许多书。正如培根所说，有的书要细嚼，有的书要快读，有的书只要尝尝味就可以了。"李泽厚的阅读方法，对处理博与精的关系颇有帮助。博览与精读是辩证的统一，博是精的基础，精能为博创造条件；博离开了精，就会变成杂，精离开了博就会变成孤。掌握这个辩证法，是阅读的高级境界。

人物小传

李泽厚，著名哲学家，1930 年生于湖南长沙，1954 年毕业于北京大学哲学系，现为中国社会科学院哲学研究所研究员、巴黎国际哲学院院士、美国科罗拉多学院荣誉人文学博士。

　　李泽厚成名于 20 世纪 50 年代，以重实践、尚"人化"的"客观性与社会相统一"的美学观卓然成家。20 世纪 80 年代，李泽厚不断拓展其学术领域，促进思想界在启蒙的道路上艰辛前行。20 世纪 90 年代，李泽厚客居美国，出版了《论语今读》《世界新梦》等著作，对中国未来的社会建构给予了沉甸的人文关怀。

有所为而阅读——李敖谈阅读

除了金庸、司马中原、柏杨之外，许多人还喜欢李敖。他学识渊博，犀利流畅，不留余地，让人读来过瘾。

李敖的渊博与他精于阅读、善于用书大有关系。他的《要把金针度与人》一书，内容是 200 种中国古典名著导读，值得推荐。这本书是根据 1983 年他自己编的《中国名著精华全集》所收各书的导读集合而成。书的封底介绍说——你可以上下古今，把千年精华，尽收眼底；你可以纵横左右，把多样遗产，罗列手边。你可以从古典中寻新义，从旧书籍里找时潮；从深入浅出的文字里，了解古代和现代的中国——这段话虽然广告味道浓厚，但多少道出了这本书的价值，尤其序言谈到怎样读书。李敖说他看书第一重点是只跳看一遍。"所谓跳看，是每页的重点让它跳出来给你看，而不是逐字逐句地死读，也不是所谓连读。连读的方法我看像小和尚念经——有口无心，是骗人的。"这个方法可以提高读书效率，却不是每个人都能做到。他觉得"跳看"必须有两个基础：一是对相关问题已具备相当认识，才能有拨云见日之功，轻易找出重点；二是带有目的去读，知道该向哪个方向寻索重点。而且"跳看"只适用于查阅资料，不能用于文学欣赏。试想"孔雀东南飞"，如果不跟着"五里一徘徊"，怎能理解个中淋漓反复的曲折情节，怎能品味诗中主人公死后合葬，有情人"枝枝相覆盖，叶叶相交通。中有双飞鸟，自名为鸳鸯；仰头相向鸣，夜夜达五更"的缠绵哀痛？李敖读书方法的第二个重点是眼到手到，"重点部分立即用色笔勾出，剪刀剪下或刀片割下。这样子随看随动手，再把'分尸'下来的分类处理。这样一来，这本书就跑不掉了。它永远为你所用，并且拈之则来，不易忘记"。这确实是个好办法。若能眼到手到，在书本上勾勾画画，写写眉批，必有助于记忆。其实慢读比泛泛而读有效。

第三个重点是同步通读，同个主题串起来读。他说在跳读过程中，对重点有兴趣，会找来其他相关的书同步钻研。"这时候，不是每次只看一本书了，而是触类旁通，互相印证与补充。这样子折腾下来，书才真正为我所用。"这个层次的读书已经不是单纯读书，而是在作研究了。不过这个方法确实可以加强读者读书的深度与兴趣。

做事讲求方法是对的，识得窍门，事半功倍。李敖的阅读方法，我们不妨称之为"有所为而读"。当然，海阔天空，瞬息永恒，我们不一定拘泥一端，以为读书非如此不可，破坏了兴趣反而不好。为怡情遣兴，读书也不妨随兴之所至，飘到哪里就是哪里。喜欢时随手拈来，倦了掩卷寻梦而去；能记得最好，忘掉就算了；重读时幽默处可以莞尔一笑，悲戚处再扼腕叹息吧！这样"无所为而读"，便成了"有所为而读"的另一种补充。

人物小传

李敖，著名作家、历史学家，1935 年生于哈尔滨，14 岁随家人到台湾。著名作品主要是散文、评论及专题历史研究。小说方面亦有建树，长篇历史小说《北京法源寺》曾获诺贝尔文学奖提名。李敖是十分具有争议性的人物，有人认为他狂妄，但也有人认为他为人侠骨柔情，仗义执言。

给学生的四点建议——张五常谈阅读

张五常先生凭借自己在经济方面的成就和在中文世界里的开创性建树，曾多次被提名诺贝尔经济奖。他在阅读、治学方面有着自己的一套独特方法，这和他的成才有着很大的关系。他在1981年新年期间曾向大学生发表演说，倾心介绍自己的阅读方法。为了全面地把握他在阅读方面的心得，现将张五常先生的演说词记录如下，想必读者会心有所悟：

新年时节，送些什么给学生呢？就送他们一些阅读的方法吧。

首先声明，我要谈的是为知识而阅读的方法，不是为考试而阅读的方法。后者，我可在4个大前提下给学生们一些建议。若能习惯运用，不但可以减轻考试的压力，而且对更重要的知识投资也会是事半功倍的。

1. 以理解代替记忆

很多人都知道明白了的课程比较容易记得。但理解其实并不是辅助记忆——理解是记忆的代替。强记理论不仅很难记得准确：当需要应用时，强记的理论根本无济于事。明白了理论的基本概念及含义，你会突然觉得你的记忆力如有神助。道理很简单，明白了的东西就不用死记。但理论的理解有不同的深度，也有不同的准确性。理解愈深愈准确，记忆就愈清楚，而应用起来就愈能得心应手。所以读书要贯通——理论上的不同重点的连带关系要明白；要彻底——概念或原则的演变要清楚。

要在这些方面有显著的进步易如反掌，而学生也无须多花时间。他只要能改3个坏习惯，一年内就会判若两人。

第一个坏习惯，就是上课时"狂"抄笔记。笔记是次要甚至是可有可无的。这是因为抄笔记有一个无法补救的缺点——听讲时抄笔记分心太大！将不明白的东西抄下来，而忽略了要专心理解讲者的要点，是得不偿失。我肯定这是一般香港学生的坏习惯。例如好几次我故意将颇明显的错误写在黑板上，200多名学生中竟无一人发觉，只知低着头忙将错误抄在笔记上。

笔记有两个用途。一是将明白了的内容，笔记要点。但若觉得只记要点都引起分心，就应放弃笔记。明白了讲者的内容是绝不会在几天之内忘记的。很多讲者的资料在书本上可以找到，而在书本上没有的可在课后补记。老师与书本的主要分别，就是前者是活的，后者是死的。上课主要是学习老师的思想推理方法。二是在课上听不懂的，若见同学太多而不便发问，就可用笔记写下不明之处，于课后问老师或同学。换言之，用笔记记下不明白的要比记下已明白的重要。

第二个坏习惯，就是将课程内的每个课题分开读，而忽略了课题与课题之间的关系，理解就因此无法融会贯通。为了应付考试，学生将每一个课题分开读，强记，一见试题，不管问什么，只要是似乎与某课题有关，就大开"水喉"，希望"撞"中——这是第二个坏习惯最明显的例子。

要改这个坏习惯，就要在读完某一个课题，或书中的某一章，甚至章中可以独立的某一节之后，要花少许时间去细想节与节、章与章或课题与课题之间的关系。能稍知这些必有的连带关系，理解的增长就一日千里。这是因为在任何一个学术的范围内，人类所知的根本不多。分割开来读，会觉得多而难记；连贯起来，要知要记的就少得多了，任何学术都是从几个单元的基础互辅而成，然后带动千变万化的应用。学得愈精，所知的就愈基本。若忽略了课题之间的连贯性，就不得其门而入。

第三个坏习惯，主要是指大学生的，就是在选课的时候只想选较容易的或讲课动听的老师。其实定了某一系之后，选课应以老师学问的渊博为准则，其他一切都不重要。跟一个高手学习，得其十之一二，远胜跟一个平庸的学得十之八九。这是因为在任何一门学术里面所分开的各种科目，都是殊途同归。理解力的增长是要知其同，而不是要求其异。老师若不是有相当本领，就不能启发学生去找寻不同科目之间的通论。

2. 兴趣是因思想的集中而燃烧起来的

我们都知道自己有兴趣的科目会读得较好。但兴趣可不是培养出来的。只有总想在某科目上集中精力，才能产生兴趣。可以培养出来的是集中的能力。无论任何科目，无论这科目是跟你的兴趣相差多远，只要你能对之集中思想，兴趣即盎然而生。

对着书本几小时却心不在焉，远比不上几十分钟的全神贯注。认为不够时间读书的学生都是因为不够集中力。就算是读大学，每天课后能思想集中两三小时也已足够。要培养集中力也很简单。第一，分配时间——读书的时间无须多，但要连贯。明知会被打扰的时间就不应读书。第二，不打算读书的时间要尽量离开书本——"饿书"可加强读书时的集中力。第三，读书时若觉得稍有勉强，就应索性不读而等待较有心情的时候——厌书是大忌。要记着，只要能集中，读书所需的时间是很少的。

将一只手表放在书桌上。先看手表，然后开始读书或做功课。若你发觉能常常在30分钟内完全不记得手表的存在，你的集中力已有小成。能于每次读书都完全忘记外物一小时以上，你就不用担心你的集中力。

3. 问比答重要

很多学生怕发问的原因，是怕老师或同学认为他问得太浅或太蠢，令人发笑。但学而不问，不是真正的学习。发问的第一个黄金定律就是要脸皮厚！就算是问题再浅，不明白的就要问；无论任何人，只要能给你答案，你都可以问。

从来没有问题是太浅的。正相反，在学术上有很多重要的发现都是由浅之又浅的问题问出来的。学术上的进展往往是靠盲拳打死老师傅。很多作高深研究的学者之所以要教书，就是因为年轻学生能提出的浅问题，往往是一个知得太多的人所不能提出的。虽然没有问得太浅这回事，但愚蠢的问题是不胜枚举。求学的一个重要目的，就是要学什么问题是愚蠢或是多余。若不发问，就很难学得其中奥妙。

老师因为学生多而不能在每一个学生身上花很多时间。认真的学生就应该在发问前先做准备功夫。这功夫是求学上的一个重要过程。孔子说得好："知之为知之，不知为不知，是知也!"要分清楚"知"与"不知"，最容易就是做发问前的准备功夫。这准备功夫大致上有 3 个步骤：

第一，问题可分 3 类：A. "是什么"（What）；B. "怎样办"（How）；C. "为什么"（why）。学生要先断定问题是哪一类。A 类问的是事实，B 类问的是方法，C 类问的是理论。问题一经断定是哪一类，学生就应立刻知道自己的"不知"是哪方面的，因而可免于混淆。若要问的问题是多过一类的，就要将问题以类分开。这一分就可显出自己的"不知"所在。第二，要尽量将问题加上特性。换言之，你要问的一点是愈尖愈好。第三，在问老师之前，学生要先问自己问题的答案是否可轻易地在书本上找到。若然，就不应花老师的时间。大致上用以上的步骤提问题，答案是自己可以轻而易举地找到的。若仍须问老师的话，你发问前的准备工作会使他觉得你是孺子可教。

4. 书分三读——大意、细节、重点

学生坐下来对着书本，拿起尺，用颜色笔加底线及其他强调记号。读了一遍，行行都有记号，这是毁书，不是读书。书要分三读。

第一读是快读，读大意，但求知道所读的一章究竟是关于什么问题。快读就是翻书，跳读；读字而不读全句，务求得到一个大概的印象。翻得惯了，速度可以快得惊人。读大意，快翻两三次的效果要比不快不慢地翻一次好。第二读是慢读，读细节，务求明白内容。在这第二读中，不明白的地方可用铅笔在页旁做问号，其他底线或记号却不可用。第三读是选读，读重点。强调记号是要到这最后一关才加上去的，因为哪一点是重点要在细读后才能选出来。而需要先经两读的主要原因，就是若没有经过一快一慢，选重点很容易选错了。

在大学里，选择书本阅读是极其重要的。好的书或文章应该重读又重读；平凡的一次快读便已足够。在研究院的一流学生，选读物的时间往往要比读书的时间多。

虽然我在以上建议的读书方法是着重大学生，但绝大部分也适合中小学生学习。自小花一两年的时间去养成这些读书的习惯，你会发觉读书之乐，实难以为外人道。

人物小传

张五常，1935 年出生在香港，高中毕业后，到美国加州洛杉矶大学主修经济，并于 1959 年在加州大学经济系师从现代产权经济学创始人阿尔奇安，1967 年获博士学位。随后跟随诺贝尔经济学奖得主科斯工作，1969 年获聘西雅图华盛顿大学教授，1982 年至今任香港大学教授。张五常是新制度经济学和现代产权经济学的创始人之一。1997 年，他当选美国西部经济学会会长，这一职位是第一次授予美国本土之外的经济学家。

把阅读当作人生大事——余秋雨谈阅读

余秋雨先生的《文化苦旅》《行者无疆》《山居笔记》等散文集在读者当中引起了极大的反响。他的散文集几乎本本畅销。他的文章以老练的文笔、独特的视角、优美的叙述风格，以及耐人寻味的哲思感染了千万人。他自小博览群书，才华过人，总结出来的阅读方法也被众人奉为圭臬：

1. 尽早把阅读当作一件人生大事

阅读的最大理由是想摆脱平庸。一个人如果在青年时期就开始平庸，那么今后要摆脱平庸就十分困难。

只有书籍，能把辽阔的空间和漫长的时间浇灌给你，能把一切高贵生命早已飘散的信号传递给你，能把无数的智慧和美好对比着愚昧和丑陋一起呈现给你。区区五尺之躯，短短几十年光阴，居然能驰骋古今，经天纬地，这种奇迹的产生至少有一半要归功于阅读。

如此好事，如果等到成年后再来匆匆弥补就有点儿可惜了，最好在青年时就进入。

2. 先找一些名著垫底

大学生的课外阅读，是走向精神成熟的起点，因而先要做一点垫底的工作。

垫什么样的底，就会建什么样的楼，因此尽量要把底垫得结实一点。时间少，要寻找一种省俭方式。最省俭的垫底方式，是选读名著。

名著因被很多人反复阅读，已成为当代社会词语的前提性素材。如果不了解名著，就会在文化沟通中产生严重障碍。名著和其他作品在文化方位上是不平等的，它们好像军事上的制高点，占领了它们，很大一片土地就不在话下了。对于专业之外的文化领地，我们没有时间去一寸一寸占领，收取几个制高点就可以了。

3. 名著读不下去也可以暂时放下

即使是一位熟悉的师长很有针对性地为我们开了一份必读书目，书目里的名著也有读不下去的时候。

读不下去就放下，不要硬读。这就是非专业阅读的潇洒之处。

这么有名的著作也放下？是的，放下。因为你与它没有缘分，或许说暂时无缘。

再有针对性的书目也只考虑到了你接受的必要性，而无法考虑到你接受的可能性。所谓可能，不是指阅读能力，而是指兴奋系统，这是你的生命秘密，别人谁也不清楚。

4. 有一两个文化偶像不是坏事

在选读名著的过程中，最终会遇到几部名著、几位名家最与你情投意合。你着迷了，不仅反复阅读，而且还会寻找作者的其他著作，搜罗他们的传记，成为他们的崇拜者。我的一位朋友说他一听到辛弃疾的名字就会脸红心跳，我在读大学时对法国作家雨果也有类似的反应。这就是平常所说的偶像。

偶像的出现，是阅读的一个崭新阶段的开始。能够与一位世界级或国家级的文化名人魂魄与共，真是莫大的幸福。然而更深刻的问题在于：你为什么与他如此心心相印？不完全是由于他的学问、艺术和名声。有很多比他学问更高、手法更精、名声更大的人物却没有在你心底产生这样强烈的感应，根本的理由也许是：你的生命与他的生命有某种同构关系，他是你精神血缘上的前辈姻亲。暗暗地认下这门亲，对你很有好处。

5. 要把阅读范围延伸到专业之外

阅读专业书籍当然必要，主要是为了今后职业的需要。鲁迅说："这样的读书和木匠的磨斧头、裁缝的埋针线并没有什么分别，并不见得高尚，有时还很痛苦，很可怜。"（《读书杂谈》）

生命的活力，在于它的弹性。大学时代的生命弹性，除了运动和娱乐，更重要的体现为对世界整体的自由接纳和自主反应，这当然是超越专业的。

现在很多大学都发现了学生只沉陷于专业，并因此开设了通识教育课，这是一个很好的办法。但同样作为一门课程，通识教育也保留着某种难于克服的狭隘性和被动性。因此不管功课多重，时间多紧，自由的课外阅读不可缺少。更何况，时代的发展使每门专业的内在结构和外部界限发生了很大的变化，没有足够的整体视野，连专业都很难学好。

6. 读书卡片不宜多做

读书有一个经常被传授的方法，那就是勤奋地做读书卡片。读到自己有兴趣的观点和资料，立即抄录在卡片上，几个月之后把一大堆卡片整理一番，分门别类地存放好，以后什么时候要用，只要抽出相关的一沓，自己也就可以获得一种有论有据、旁征博引的从容。

这种方法，对于专业研究、论文写作是有用的，但不适合青年学生的课外阅读。从技术上说，课外阅读的范围较大，又不针对某个具体问题，卡片无从做起，即使做了也没有太大用处，白白浪费了许多阅读时间。如果要摘录隽语佳句，不如买一本现成的《名人名言录》放在手边。

但技术上的问题还是小事。最麻烦的是，做卡片的方法很可能以章句贮藏取代了整体感受，得不偿失。一部好的作品是一个不可割裂的有机整体，即使撷取了它的眉眼，也失去了它的灵魂。

我不主张在课外阅读中做很多卡片，却赞成写一些读书笔记，概括全书的神采和脉络，记述自己的理解和感受。这种读书笔记，既在描述书，又在描述自己。每一篇都不要太长，以便将即时的感受提炼成见识。

7. 青年人应立足于个人静读

青年人读了书，喜欢互相讨论。互相讨论能构建起一种兴趣场和信息场，单独的感受就流通起来了。

但是总的来说，阅读是个人的事。字字句句都要由自己的心灵去默默体会，很多最重要的感受无法诉诸言表。阅读的程序主要由自己的生命线索来联结，而细若游丝的生命线索是要小心翼翼地打理和维护的。这一切，都有可能被热闹所毁损。在同学间高谈阔论易生意气，而一有意气就会坠入片面，肤浅变得更加肤浅。

就像看完一部感人至深的电影，一个善于吸收的观众总喜欢独个儿静静地走一会儿，慢慢体味着一个个镜头、一句句台词，咀嚼着艺术家埋藏其间的良苦用心，而不会像有些青年那样，还没有出电影院的门就热烈谈论开来了。在很多情况下，青年人竞争式的谈论很可能是一种耗散，面对越是精深雅致的作品可能越是这样。

8. 有空到书店走走

大学生的阅读资源，主要来自图书馆。但是，我希望大家有空也到书店走走。书店当然比图书馆狭小得多，但它是很有意思的文化前沿。当代人的精神劳作有什么走向？这些走向与社会走向有什么关系？又被大众接受到什么程度？解答这些疑问的最好场所是书店。

崭新的纸页，鲜亮的封面，夸张的宣传，繁忙的销售，处处让你感受到书籍文明热气腾腾的创造状态，而创造总是给人一种愉悦的力量。这种力量对读书人是一种莫名的滋养，使你在长久的静读深思之后舒展筋骨，浑身通畅。

你可以关注一下畅销书排行榜，判断一下买书的人群，然后，也准备为自己选几本书。在书店选书与在图书馆有所不同，对于重要的书，你会反复考虑永久拥有的必要性，于是在书架前进行了一次短短的自我拷问。你也许会较少犹豫地购买几本并不重要却有趣、可爱的新书，由此你对自己与书籍的奇异关系产生了某种疑问，这种疑问的每一个答案都让人开心。

人物小传

余秋雨，1946 年出生，浙江余姚人，毕业于上海戏剧学院戏剧文学系。历任上海戏剧学院院长、教授，上海戏剧家协会副主席。1962年开始发表作品。在海内外出版过史论专著多部，曾被授予"国家级突出贡献专家""上海市十大高教精英"等荣誉称号。近年来在教学和学术研究之余所著散文集《文化苦旅》先后获上海市文学艺术优秀成果奖、台湾《联合报》读书最佳书奖、上海市出版一等奖等。其《行者无疆》获得 2002 年度台湾白金作家奖。

行万里路读万卷书——林清玄谈阅读

在忙碌、现实的社会里，林清玄以一系列的"菩提"作品，如清流一般滋润着大众日益枯竭的心灵。

林清玄写作的要诀有二：一是行万里路，一是读万卷书。

林清玄接触古典文学甚早，幼年时常常看着《红楼梦》《水浒传》沉沉入睡；高中时懂得按照图书编目来阅读，几乎读遍图书馆藏书。美学大师朱光潜的美学论、文学批评给他启发很大，体悟到完整的思想体系和独立的观念架构才是生生不息的创作源泉；而光凭多愁善感，常流于无病呻吟，无法产生真正感人的作品。

高中毕业，林清玄拿着补习费，完成环岛一周的梦想。他边旅游边采访，深入风土民情，拓展视野，开阔胸襟，更重要的是从生活中掌握言简意赅的原则，用浅近的文字表达深沉的思想情感。

林清玄认为写作能力可以由后天训练而来。他在写作之初用散文写日记，字数由少而多，渐渐固定一天 3000 字左右，十几年来一直如此。

林清玄积累多年的创作经验，认为作家不应只在文字雕琢上下功夫，应以思想家自我期许；人生境界没有终点，一山比一山高，峰回路转，柳暗花明又是一村。通过广泛阅读，体察人生，为创作提供源源不竭的养分。

人物小传

林清玄，笔名秦情、林漓、林大悲等，1953 年生于中国台湾。曾任中国台湾《中国时报》海外版记者、《工商时报》经济记者、《时报杂志》主编等职。1973 年开始散文创作。他的散文文笔流畅清新，表现了醇厚、浪漫的情感，在平易中有着感人的力量，曾多次获奖。作品有散文集《莲花开落》《冷月钟笛》《温一壶月光下的酒》《鸳鸯香炉》《金色印象》《白雪少年》等。他的散文集曾一年中重印超过20次。

去读天才作家的作品——塞涅卡谈阅读

塞涅卡对阅读方法也曾发表过独特而又精彩的议论：

1. 反对走马观花地阅读

塞涅卡根据自己的阅读经验，反对无重点、不集中、走马观花式的阅读方法。他曾说："对于任何一个大作家的作品都没有深刻的了解，而是从一个作家跳到另一个作家，走马观花式地阅读所有作家的著作，这样的人就像那种旅游者。刚吃即呕的食物不为身体所吸收，也就对健康无所裨益。不断改变治疗方法最不利于治愈疾病。"他还尖锐地指出："有许多书籍甚至只是有害无益。"为了说明其中的道理，他还打了个比方："一个接一个地品尝菜的味道，正是胃口不好的表现；食物名目繁多，种类殊异，不是滋补身体，而是戕害健康。"为此，他诚恳地劝告别人："还是一直研读成熟作家们的作品吧，如果产生了转换的念头，就立即回到已经熟悉的作家们那里去。"

2. 研读那些有才华的大作家的作品

曾经有人向塞涅卡请教有关读书方法的问题，想阅读各种不同作家的书。他立刻在回信中指出："关于你提到的那种阅读方法，即对许多不同作家和各种各样的书籍的阅读，必须注意不能有杂乱散漫和随意任性的成分。如果你想从阅读中获得你永远铭记在心的知识，你就应该花更多的时间去研读那些无疑是富有天才的作家们的作品，不断从他们那里取得养料。"他所谓的"富有天才的作家们的作品"，很大程度上就是指那些古今公认的经典书籍，他认为首先选择这些书籍来加以攻读和理解肯定是有益的。

3. 阅读后要认真思考并当天消化

这似乎主要是针对哲学书籍的阅读而言，因为塞涅卡首先是一位哲学家，并且是新斯多葛主义的主要代表人物之一，曾阅读过许多哲学家的经典著作。他曾结合自己的切身体会谈论道："浏览许多不同思想之后，要选取其中一个，认真思考并当天予以彻底消化。我就是这样做的。在我一直阅读着的那些思想著作中，我牢牢抓住其中一个。"塞涅卡后来成为古罗马时代非常著名的哲学家和学者，或许就是与他以上一再主张并亲自实践的读书方法有关。可惜尼禄皇帝残暴，竟勒令他自杀，这不能不说是当时学术界和文学界的一个惨重损失。

人物小传

　　塞涅卡（约前4—65），古罗马著名的哲学家和戏剧家。他曾任尼禄皇帝的家庭教师，后又成为尼禄的主要顾问。其主要哲学著作有《幸福的生活》《论短促的人生》等。戏剧多模仿古希腊悲剧，有《美狄亚》《俄狄浦斯》等，对英国伊丽莎白时代和法国17世纪的戏剧作家颇有影响。

阅读得当会益智增才——培根谈阅读

　　培根是英国16—17世纪的著名哲学家。他除了在人类哲学史上有巨大影响之外，对于神学、文学、法律以及自然科学都有研究。曾任英国女王的特别法律顾问、大法官和上议院议长等职。他之所以如此博学和有作为，与他本人的勤奋好学和合理的阅读方法密不可分。他曾在随笔《论读书》里有过精辟的阐释：

　　"阅读可以作为娱乐、作为装饰、作为能力的培养。娱乐的作用通常见于离群独处时；装饰的作用体现在高谈阔论中；至于才能，则表现在裁处事务上。行家能手虽能事无巨细——予以处理或判明是非，但运筹全局、合理谋划则少不了茂士英才。读书费时过多，无异于懒惰；装饰之用过滥，显得矫揉造作；办事只知照本宣科，实为书呆子气。读书弥补天性的缺陷，经验又弥补读书的不足：人的天性犹如自然的花木，需要学习予以整枝培育；读书自身无边无际，需要经验予以制约。取巧者蔑视学问，无知者羡慕学问，明智者运用学习，因为学问本身并没有教人如何运用，运用的智慧不在书中，而在书外，全凭观察所得。读书时不要与作者作对，不要诘难他，但也不要轻信，以为书上什么都对，更不要寻章摘句，用来炫耀，而应该着意掂量，仔细斟酌。有的书可供品尝，有的书只能吞食，少数的应该细细咀嚼、消化。那是说，有的书只需读其中一部分，有的书用不着读得太认真，但少数好书则需要认真细致地通读。有的书还可以请人代读，取其摘要就行，但这只限于不甚重要的论述和次等书籍；否则，经过摘录的书犹如经过蒸馏的水，变得淡而无味了。读书使人充实，交谈使人机敏，摘录使人精确。因此，一个人读书时如果很少摘录，则需有超群的记忆；如果他很少与人交谈，则应有随机应变之才；如果他很少读书，则需要取巧有术，让人觉得他并非孤陋寡闻。历史使人聪明，诗歌使人机智，数学使人精密，哲理使人深刻，道德使人正经，逻辑与修辞使人能言善辩，总之，读书能陶冶人的性情。读书得当，绝不会使人心智受损，只会益智增才。"

领略了大哲学家优美的论述，我们暂且对他的看法进行粗略的概括和理解。培根认为，人们阅读时应注意以下3个方面：

1. 读书不宜太慢

培根认为"读书费时过多，无异于懒惰"，因此，他希望人们读书应思想敏锐，注意力集中，不要过慢，这样容易生效。

2. 不要装模作样

培根认为"装饰之过滥，显得矫揉造作"。

3. 不要照搬书本

培根认为"办事只知照本宣科，实为书呆子气"。通常所说的"书呆子"，最明显的特点是书上怎么说便怎么办，一点儿也不知变通或灵活使用。

既然如此，培根又提倡什么样的阅读方法？究竟如何读书才算合理的呢？归纳起来，大约有以下3点：

1. 对于不同的书，可采取不同的阅读方法

他认为书籍好比食品，有些只需浅尝，有些可以吞咽。只有少数需要仔细咀嚼，慢慢品味。所以，有的书只要读其中一部分，有的书只需知其中梗概，而对于少数好书则要通读、细读、反复读。

2. 对不同的书可作不同的选择

由于古今中外的书浩如烟海，它们的类别和内容各不相同，在此情况下，培根认为可以根据自己的需要和知识结构加以适当选择。在他看来，读史使人明智，读诗使人聪慧，演算使人精密，哲理使人深刻，道德使人高尚，逻辑修辞使人善辩。

3. 光读书求学问还不行，还得运用和实践

培根是个非常聪明智慧的人，不单纯是个学者，还涉足政坛，参与政治，曾任英国女王的掌玺大臣，因此，他一直注意并强调书本知识的运用和书本知识与实践经验的结合。在他看来，学问虽能指引方向，但往往流于浅泛，必须依靠经验才能扎下根基。

人物小传

弗兰西斯·培根（1561—1626），英国著名的唯物主义哲学家和科学家。一生著作等身，著有《新工具论》《论说文集》《亨利七世本纪》《论事物的本性》《迷宫的线索》《各家哲学的批判》《自然界的大事》《论人类的知识》等著作。马克思称他是"英国唯物主义和整个现代实验科学的真正始祖"。他的至理箴言"知识就是力量"为众人所熟知。

读书不在多，而在于多思考——卢梭谈阅读

卢梭由于家境贫寒，从小流浪，全靠自学以及一些朋友和牧师的指教，才得以博览群书，知识渊博，成为法国文学界和思想界的巨人。他在《忏悔录》中曾零零碎碎地回忆起自己的读书生活，其中也涉及一些读书方法，归纳为4点：

1. 阅读不在多，而在于多思考

卢梭早年曾被人送到很有名望的德·古丰伯爵家里当仆人，这位老人有个最小的儿子古丰是位神父。这位古丰神父很喜欢卢梭，非但不把他当仆人看待，而且还很和蔼耐心、饶有兴趣地教他学习和读书。卢梭在伯爵家里读了英国散文作家艾迪生编的《旁观者》、伏尔泰的《拉·亨利亚德》等书。古丰神父教他的读书方法就是"读书不要贪多，而是要多加思索"，卢梭遵照他的方法读了不少书，他回忆说："这样的读书使我获益不少。"后来他曾弄到一本拉密神父撰写的《科学杂谈》，曾"反复读了上百遍"，也收到了很好的效益。

2. 先接受书中的观点，再对众书加以比较和选择

正如卢梭所说："我每读一个作者的著作时，就拿定主意，完全接受并遵从作者本人的思想，既不掺入我自己的或他人的见解，也不和作者争论。我这样想：先在我的头脑中储存一些思想，不管是正确的还是错误的，只要论点明确就行，等我的头脑里已经装得相当满以后，再加以比较和选择。我知道这种方法并不是没有缺点的，但拿灌输知识的目的来说，这个方法倒是很成功的。"

有几年时间，他就一直用这种方法阅读，等各种知识和观点装满脑子，然后"在旅行或办事而不能阅读书籍的时候，我就在脑子里复习和比较我所读过的东西，用理智的天平来判断每一个问题，有时也

对我的老师们的见解作一些批判"。这个方法果然极有效果。后来他曾深有体会地说："我的能力虽然很差，但我之所以还能有些进步，应当完全归功于这个方法。"

3. 喜欢在露天下的自然环境中看书

卢梭早年在华伦夫人身边生活时，曾读过历史、地理、几何、数学、拉丁文等学科。那时，他的身体比较虚弱，除了读书，还得干一些轻微的活儿。所以，每到下午，他因不适应关在屋子里读书，便干脆在院子或田园里看书。不论是到鸽棚、菜园、果园还是葡萄园，他总是随身携带着书本，干活累了，就坐下来看一会儿书，这样的效果比在屋里看书还好。他后来回忆说："我自由自在、毫无拘束、不费心思地看一些书。"这种独特的读书方法和读书环境是学校和图书馆里的学子们难以领略到的。在卢梭的一生中，经常与书为伴，当他遭遇痛苦或不幸的时候尤其如此。他曾说："也许是由于我认为努力学习直到生命的最后一刻是件美好的事。"他是这样想的，也是这样做的。

4. 各类书交替阅读，对一些问题交替研究

卢梭曾坦率地承认自己读书有两个毛病，一个是记不住，另一个是不能长时间精力集中，用功的时间稍长一些就会感到疲劳，"甚至我不能一连半小时集中精力于一个问题上……如果我必须用心去读一位作家的著作，刚读几页，我的精神就会涣散，并且立即陷入迷惘状态。即使我坚持下去，也是白费，结果是头晕眼花，什么也看不懂了"。针对自己阅读上的这种先天不足，他就每本书略看一会儿，等注意力要分散时，便换一本书或换一个问题加以思考，这样即使毫不间断，他也不会感到疲倦和精力分散。

人 物 小 传

卢梭（1712—1778），18 世纪法国伟大的启蒙思想家。卢梭生于日内瓦一个钟表匠家庭。他生而丧母，在父亲的鼓励下读了许多古希腊、古罗马文学中的名人传记。他在法国蒙莫朗西森林附近度过的几

年是他文艺创作生涯中硕果累累的阶段，他的四大名篇《新爱洛漪丝》《民约论》《爱弥儿》《忏悔录》中的 3 篇问世于此时。因《爱弥儿》同时激怒了当局和百科派，卢梭避难逃至瑞士等地，最后回到法国仍不得安宁。他晚年时在巴黎离群索居，《忏悔录》一书于此时完稿。

永远学习希腊人——歌德谈阅读

歌德是德国 18—19 世纪著名的思想家和学者。除了《少年维特的烦恼》《浮士德》等文学名著外，他在自然科学方面也很有贡献，撰写过有关植物形态学和颜色学方面的论文。由于他的博学，又善于思索和总结人生的种种问题，因而对读书也发表过不少意见，但都比较零碎。然而，经过细致的整理与归类，仍可以看出他在阅读上的一些主要方法。

1. 对每一门学科都要专心去学，尽量学好它

当时德国的一般学校里课程安排很多，有些设置不一定合理，歌德对此很有自己的看法。歌德曾不满地说："一般地说，他们在学校里教的东西太多了，太多了，而且是些无用的东西。一些个别的教师把所教的那门课漫无边际地铺开，远远超出听课者的实际需要。在过去，化学和植物学的课都属于医科，由一位医生去教就行了。现在这些科目都已变成范围非常广泛的学问，每一门都要用毕生精力来学，可是人们还期望一个医生对这两门都熟悉！这种办法毫无好处。"针对这种情况，歌德提出了自己的学习主张："一个人不能骑两匹马，骑上这匹，就要丢掉那匹。聪明人会把凡是分散精力的要求置之度外，只专心致志地去学一门，学一门就要把它学好。"

2. 知识和真理应当通过自己的努力学习和不懈追求去获得

德国著名剧作家和思想家莱辛曾表示："假如上帝把真理交给我，我会谢绝这份礼物，宁愿自己费力去把它找到。"

歌德对此非常赞赏，他认为真理应该通过学习、思考、探索和辛勤的劳动去获得，如果上帝恩赐，垂手而得，那就没有多大的意义。

3. 向古代的经典学习

歌德早年曾与席勒等人在文学上发动"狂飙运动"，为德国的浪漫

主义代表作家，但是他还是希望人们要向古代的经典作家学习，并不因自己开启浪漫主义风气而抛弃古代经典。在谈到当时德国戏剧时，他说："我们要学习的不是同辈人和竞争对手，而是古代的伟大人物。他们的作品许多世纪以来一直得到一致的评价和尊敬。一个资禀真正高超的人就应感觉到这种和古代伟大人物打交道的需要，而认识这种需要正是资禀高超的标志。让我们学习莫里哀，让我们学习莎士比亚，但是首先要学习古希腊人，永远学习希腊人。"

4. 仅有书本知识不够，还需要实践和运用

歌德不仅博览群书，熟谙音乐、绘画、雕塑等各门艺术，而且一向注意运用，关注到书本知识和实践知识的结合。他曾说："理论本身对它自己是没有用处的，却使我们相信各种现象之间的关联性。"他又说："因为我们对自己学习过的东西，归根结底，只有能在实践中运用得上的那一部分才记得住。"实践和运用不仅能加强记忆，而且也能增强我们的判断能力。

总之，歌德是个好学不倦的人。正由于他的勤奋读书和刻苦探索，以及他人格的伟大，才使他集文学创作与科学研究于一身，成为德国历史上最伟大的人物之一。

人物小传

歌德（1749—1832），德国著名诗人，欧洲启蒙运动后期最伟大的作家。他生于法兰克福镇的一个富裕市民家庭，曾先后在莱比锡大学和斯特拉斯堡大学学法律，也曾短时期当过律师。歌德不仅善绘画，对自然科学也有广泛研究，其创作囊括抒情诗、无韵体自由诗、组诗、长篇叙事诗、牧童诗、历史诗、历史剧、悲剧、诗剧、长篇小说、短篇小说、教育小说、书信体小说和自传体诗歌、散文等各种体裁的文学作品。歌德的《少年维特之烦恼》早在20世纪20年代初即由郭沫若译成中文。他的《浮士德》《赫尔曼与窦绿苔》等作品现已有了中文译本。

博通而有自己的见解——拿破仑谈阅读

拿破仑16岁时就中途辍学，从此开始了艰苦的自学生活；他寓居在瓦朗斯城一座咖啡馆内的一间小屋里，邻室嘈杂的吵闹声经常使人心烦意乱。面对这样的生活环境，拿破仑丝毫未受干扰，常常一个人坐在闷热的房间里，两眼紧盯着书本，废寝忘食，刻苦攻读。当时他几乎对任何没读过的书籍都怀着一种强烈的阅读欲望，而咖啡馆附近又正好有一家出租图书的铺子，这为他广泛阅读提供了极大的方便。他最感兴趣的是各种炮术、战斗和波斯、雅典、瑞士等国历史、宪法，以及英国、埃及、印度等国的风俗民情、山川形貌的书籍。此外，数学、天文学的书籍，柏拉图的哲学著作，歌德、莫里哀、伏尔泰等人的作品，他都读得津津有味。这段读书生活对拿破仑的苦学精神和博览群书习惯的养成，对他获得丰富的知识，都起了很大作用。15年后，拿破仑已是法国的首席执政官。一次，在主持讨论《民法典》（即《拿破仑法典》）的会议上，他随口引证了查士丁尼的《查士丁尼法典》的有关条款，使在座的全国著名法学家们大惊失色。

1796年3月，26岁的拿破仑调任法国的意大利兵团军总司令，统率一支近4万人的部队在意大利作战。他利用战争空闲仍坚持不懈地读书，还记下了许多读书笔记。1798年，拿破仑又调任法国远征埃及军总司令，在"东方号"旗舰上，他设立了一所小小的图书馆，所藏的书籍全部都是他亲手挑选的。40多天的海上航行，由于晕船拿破仑无法读书，于是就躺在床上，让人为他大声朗读。当1807年法俄之战处于相持阶段时，拿破仑曾因在前线无书可读而大发雷霆，他写信质问有关人员，命令他们把所有新出版的书籍和新书预告迅速送来。拿破仑喜欢博览群书，也十分注意精读所感兴趣的书籍。他精读的主要方法，一是反复研读，细细琢磨书中的内容要点。比如他曾多次阅读亚历山大、汉尼拔、恺撒等人的传记，也曾反复推敲过各种军事史中的战略战术，即使像《少年维特之烦恼》那样的文学名著，据他自己所说也曾先后读过 7 遍。二是在消化、思考之后认真地记下书中的要点，甚至整段整段地将原文摘抄下来。拿破仑一生所记的读书笔记，仅编印成册的就有 4 册之多。

拿破仑喜爱书，但不迷信书本，他习惯于一边阅读一边思考，或随手在书上批注，或写下自己的见解。拿破仑还注意学以致用。在奥松城时他曾努力钻研过炮术，不久就结合自己的体会撰写了一篇弹道学的论文——《论炸弹的投掷》。1795—1798 年，为了增进天文学和化学方面的知识，拿破仑曾多次聆听著名天文学家拉朗德和白少莱的讲课。为了战争的需要，拿破仑曾大量地、反复地阅读了各种军事著作，正像他后来在圣赫勒拿岛上回忆时所说："一读再读他们（指亚历山大等世界名将）83 次战役的历史，以他们为模范，此乃成为名将和学会艺术秘诀的不二法门。"拿破仑一生大约指挥了近 60 次战役，几乎每次都带着一个随军图书馆参战。1815 年 6 月，拿破仑兵败滑铁卢，不久被囚于大西洋南部的圣赫勒拿岛。当时他从法国带去 400 多册书籍，英国政府根据他的要求也提供了近 2000 册书。在近 6 年的时间里，除写回忆录之外，他每天都坚持阅读。

这就是这位曾被马克思和恩格斯称为"真正的伟大的拿破仑"的阅读写照。

人物小传

拿破仑（1769—1821），法国第一执政和法兰西皇帝，出生于科西嘉岛阿修克斯。"拿破仑"这个词的意思是：林中之狮。这个名字，定下了拿破仑一生的基调，从襁褓时期到弃世长眠，拿破仑历经风雨，度过了不平凡的一生。他犹如雄狮，用火与剑，用智慧和韬略，把欧洲搅得天翻地覆。他是历史上最惊人的奇才之一。在近 1/4 的世纪里，他驰骋战场，亲自指挥和参加了 60 多次大战役，其中 40

次获胜。革命的浪潮把他推向权力的最高峰，他给尚未定型的法国一整套行政机构，显示出他的统治天才。他刻意摧毁欧洲的旧制度，深刻地改变了欧洲的面貌。拿破仑将永远立于人类历史上千古不朽者的最前列。

重视阅读的时间和地点——兰姆谈阅读

与众不同，兰姆非常重视和讲究阅读的季节、时间和地点的选择，认为在什么情况下读什么书才比较适宜实际上也就是阅读环境的问题。例如，他认为在开饭前的短暂时间或五六分钟光景是不适合去拿一部《仙后》的书或严肃的布道文来读的。这时只应消遣，可读一些轻松愉快的短文，把时间打发掉就是。

兰姆在《读书漫谈》中写道："严冬之夜，与世隔绝，温文尔雅的莎士比亚不拘形迹地走进来了。在这种季节，自然要读《暴风雨》或者他自己讲的《冬天的故事》。"他认为，严寒的冬天，读一些与冬天或风雨相关的文学作品，不仅与环境相合，而且别有情趣，更能领会到文学作品中所渲染的气氛和魅力。

弥尔顿是 17 世纪英国大革命时期的代表诗人，曾写有长诗《失乐园》《复乐园》和《力士参孙》。其中《失乐园》运用《圣经》题材，塑造了叛逆者撒旦的形象；《复乐园》借基督受难的故事，反映了英国大革命失败后诗人对革命的态度。由于这些作品都与宗教有关，表达的内容也比较严肃，因而兰姆别出心裁地认为，"开卷读弥尔顿的诗歌之前，最好能有人为你演奏一曲庄严的宗教乐章。"他觉得这样才更容易领会弥尔顿诗中的意味和精神。不过，他又补充说明，如果听众屏除杂念，肯洗耳恭听对弥尔顿诗歌的朗诵，那么"弥尔顿自会带来他自己的音乐"。也就是说，弥尔顿诗中自身就有音乐和旋律，但那要读者自己静心去聆听和体会。

兰姆多喜欢在室内阅读。虽然他也曾羡慕一位牧师能在斯诺山上一边走路一边攻读巨著，"对他那种远避尘俗、孑然独行的风度常常赞叹"，但他不得不承认，"这种超然物外、凝神贯注的脾气与我无缘"。其主要原因，就是他在户外读书精神无法集中，会为户外一些掠过眼边的人或物所干扰，使他好不容易记住的书本知识一下忘到九霄云外，所以他坦率地说"我不能算是一个户外读书的热心支持者"。兰姆的读书方法很独特，未必能得到大多数人的赞同，却能得到一部分人由衷的赞赏和拥护。

除了注重阅读的时间和地点，兰姆的阅读热情恐怕要超过一般的知识分子。他曾经说："我把相当一大部分时间用来读书了……除了走路，我便读书，我不会坐在那里空想——自有书本替我去想。"他不仅喜欢读书，而且所读之书的范围也相当广泛。他坦诚地说："在读书方面，我百无禁忌。高雅如夏夫茨利亚，低俗如《魏尔德传》，我都一视同仁。凡是可以称之为'书'的，我都读。"除了《礼拜规则》《宫廷事例年表》以及休谟和个别人的哲学著作和历史著作以外，他"差不多什么书都可以读。我庆幸自己命交好运，得以具有如此广泛而无所不包的兴趣"。在他眼里，莎士比亚、弥尔顿等一些经典作家的诗歌是宜于朗读的，但"为了一时一事而赶写出来，只能使人维持短暂兴趣的书，很快地浏览一下即可，不宜朗读"。而对于时兴小说，即使是佳作，他也认为不宜朗读，每当听到有人读这些作品，他便感到非常讨厌。他对读报似乎也抱有同样的成见。

人物小传

兰姆（1775—1834），英国著名的散文作家，也写诗与剧本等。自幼好读书，与诗人柯勒律治为同学，又是终身好友。著有《伊利亚散文集》等。

读书要跨越专业领域——达尔文谈阅读

达尔文读书不仅仅限于他自己专门研究的领域，而是对各门与生物学相关的学科，甚至对生物学以外的各种书刊、资料都有极大的兴趣。

他曾经阅读了许多非常专门的著作及一些生物学的教科书，如莱伊尔的《地质学原理》、赫胥黎的《无脊椎动物解剖学》及《胚胎学》等著作。他认为，这些虽然不是他专门研究的领域，但是与他研究的问题有关。达尔文掌握这些知识，对他创立进化论起了很好的作用。达尔文年轻时非常喜爱音乐，也常常去伦敦美术馆欣赏意大利的名画和雕刻，还喜欢读幻想小说、诗歌、游记、传记和历史剧，他几乎读完莎士比亚的全部戏剧和诗歌。当然，他还乐于欣赏优美的大自然风光。后来，由于他全力专注于研究进化论，对音乐等失去了兴趣。一旦发现之后，他十分吃惊，觉得"这些兴趣的消失就等于快乐的消失，而且可能有害于智力"。于是，他给自己作了规定：每周至少读一次诗，听一些音乐。通过这些调节，保持头脑的清晰。不仅如此，这些自然科学之外的兴趣使他具有良好的文学修养和表达能力，在传播科学知识中显示了优越性。

不仅如此，他还常常阅读当时英国流行的《自然》杂志。这本杂志大多数是数学、物理学的文章，但他几乎每期都要浏览一遍。他在伦敦期间，由于身体不适，不能整天从事科学研究，便阅读各类自然科学书籍和哲学著作，注意从知识的海洋里获取对自己有启发的知识和研究方法，拿来为己所用，疏通思路。如他读了莱伊尔的《地质学原理》之后，就把莱伊尔关于地球缓慢演化的理论运用于研究有机体，得出生物也是缓慢演化的结论。他的专著——《物种起源》就是根据大量资料而提出并加以论述的生物进化理论。在 19 世纪中叶，这是一本对科学界影响极大的著作。

另外，他撰写的《一个自然科学家在贝格尔号舰上的环球旅行记》一书，既是一本科学史上卓越的科学考察记述，也是一部杰出的科学文艺作品。这本描写自然界和科学考察过程的日记，形象生动，引人入胜，犹如旅行探险小说一样，鼓励广大的青年读者勇敢地去探索大自然的奥秘。

人物小传

达尔文（1809—1882），英国博物学家，进化论的奠基人。1809年2月12日，出生于英国的一个医生家庭。1825年至1828年在爱丁堡大学学医，后进入剑桥大学学习神学。1831年从剑桥大学毕业后，以博物学家的身份乘海军勘探船"贝格尔"号进行环绕世界的科学考察航行。1859年出版《物种起源》一书，全面提出以自然选择为基础的进化学说。该书出版后轰动当时的学术界，成为生物学史上的一个转折点。自然选择的进化学说对各种唯心的神造论、目的论和物种不变论提出根本性的挑战，使当时生物学各领域已经形成的概念和观念发生根本性的改变。随后达尔文又发表了《动物和植物在家养下的变异》《人类由来及性的选择》和《人类和动物的表情》等书，对人工选择作了系统的叙述，并提出性选择及人类起源的理论，进一步充实了进化学说的内容。

一点一点地学——林肯谈阅读

卡耐基的《你所不知道的林肯》一书里记载，在作者对林肯长达17年的研究里，他已经把林肯视为自己的楷模，认真汲取林肯的生活经验和奋斗精神，获得激励自己战胜困难、走向成功的勇气。从书里大家不难感受到卡耐基对林肯的崇拜之情，同时也通过卡耐基理解林肯的独特视角让我们了解到林肯的故事仿佛就是卡耐基本人的一面镜子。

我们不说林肯从家徒四壁的乡下人成为万人景仰的美国总统的艰苦历程，也不谈他的总统战绩，今天我们要说的就是林肯读书的真实故事。

"15岁才开始认字"这样的经历可能会给现代人带来惊讶，然而，这位美国历史上最伟大的总统之一的林肯，就是在15岁才开始吃力地学习字母。那个时候的林肯，每天早晚都要走4英里的森林小道到阿策尔·朵西老师的私塾求学。阿策尔·朵西老师认为只有大声朗读，才可以看出学生是否认真，才可以让记忆更加深刻，出于这样的启蒙，在后来的学习中，大声朗读便成了他读书的一个习惯，也为林肯后来杰出的演讲技巧奠定了基础。

林肯习字是以华盛顿和杰弗逊两位总统的笔迹做范本，习字过程非常用心。经过几个月的潜心练习，林肯的字迹清晰且与这两位总统的字迹很像，在林肯后来的律师生涯里，林肯的字迹曾被誉为"有总统天赋"的字迹。

上学时，他开始表现出与众不同的特质，他不但想写出自己的意见，有时候甚至还写起诗来，并且把自己的诗句和散文拿去请邻居威廉·伍德指教。他暗记诗句，再背给人听，而他的文章更是引人注目。有一位律师对他谈论内政的文章印象很深，帮他寻求发表机会。俄亥俄州的一份报纸就曾刊出林肯写的关于"克己"的文章。

林肯买不起算术书，特地向别人借一本，用信纸大小的纸片抄下来，然后用麻线缝合，做成一本自制的算术书。他去世时，他的继母手边还留有部分这种书页。

他向一个常请他帮忙挖树桩、种玉米的农人借阅两三本传记，威姆斯牧师写的《华盛顿传》正在其中。林肯看了此书后很着迷，傍晚总是尽量利用月光看到很晚，临睡前，他把书塞在圆木缝中，当第二天日光一照进小屋，就拿起来看。有一天晚上下起暴雨，书本浸湿了，书的主人不肯罢休，林肯只得以割捆3天的草料来作为赔偿。下田工作的时候，他也将书本带在身边，一有空闲，就坐在围墙顶栏上看书。中午他不与家人一同进餐，却一手拿着玉米饼，一手捧书看得很是入神。

实际上，林肯所受到的正规教育只有12个月，直到1847年他当选国会议员，在填写自传表时，在"你的教育程度如何"一栏内，他回答的仍是"不全"二字。他在被提名为总统候选人以后，曾说："我在年龄不小时，所知并不多。不过我能读、能写。此后我就没有上学了。在如此贫乏的教育基础上，我能够达到现在这一点小成果，完全是日后应各种需要时自修取得的知识。"用他自己的话来形容是"一点一点地学"，也正是这样"一点一点地学"的真实经历启迪了我们。

可以说，林肯的成功，很大程度归功于他极具幽默和针对性的演讲口才以及真心实意为人民服务的律师职业生涯。这样杰出的演讲技巧正是建立在"一点一点地学"精神之上的，可以说，没有这种学习精神，就不会有美国这位曾被誉为最伟大的总统。

人物小传

林肯（1809—1865），美国南北战争时期的总统，生于肯塔基州，后迁入伊利诺伊州并成为州议员，1836年成为律师。1847年当选众议员，为温和的反奴隶制主义者。1862年他颁布《解放宣言》，在解放奴隶的道路上迈了一大步。他为宪法第十三条修正案作出了贡献。1864

年他再次当选，1865 年内战结束，以他为代表的北方胜利。1865 年 4 月被奴隶主支持者，演员约翰·威尔克斯·布斯刺杀。革命导师马克思高度地评价林肯说，他是一个"不会被困难所吓倒，不会为成功所迷惑的人，他不屈不挠地迈向自己的伟大目标，而从不轻举妄动，他稳步向前，而从不倒退……总之，他是一位达到了伟大境界而仍然保持自身优良品质的罕有的人物"。

最喜爱的事是啃书本——马克思谈阅读

马克思不但是马克思主义的创始人，无产阶级的革命导师，也是世界公认的大学者。他生平著作极丰，《资本论》《政治经济学批判》《哥达纲领批判》等都是他的代表作。他在一生的革命生涯和学术生涯中，始终都与书为伴，好学不辍。19 世纪中叶的欧洲曾流行着一种"自白书"的文字游戏，通过其中各项的回答，基本上可以看出一个人的品格和爱好。在"您最喜爱的事"一栏中，马克思清清楚楚地写着——"啃书本"。由此可见，阅读在马克思的一生中已经占据了极其重要的地位。

他的朋友李卜克内西在回忆马克思时曾说："学习！学习！这就是他经常向我们大声疾呼的无上命令；他自己就是这方面的榜样。"

马克思生前学识之渊博，阅读之广泛，是极少有人能与他相比的。他不仅以毕生精力专门研究了政治经济学、哲学、政治学、法学、历史学和社会学等各种学科，而且还酷爱文学，阅读了大量的诗歌、小说和散文。

作为一位伟人，马克思之所以能获得巨大的成功，在各个学术领域中都能有所作为，成为一个时代思想的高峰，是与他科学合理的阅读方法密不可分的。

1. 坚持有规律性的阅读生活

马克思的一生虽然颠沛流离，在许多国家流浪或暂寓，但他一直没有间断阅读。自从 1849 年夏迁居伦敦后，马克思的经济陷入困境，家庭生活十分艰难，但他依然坚持读书和科研工作，并在其中找到了"无穷的安慰"。他当时每天早上 9 点准时来到大英博物馆阅览图书，直到晚上 7 点回家。不管风吹雨打，春夏秋冬，每天都是如此，连博物馆里的工作人员都认识他了，知道他的专座。由于多年从不间断地阅读，以致他的座位底下出现了他双脚踩出的印痕。

2. 阅读喜做摘要和笔记

马克思阅读，很有系统性，经常是带着目的、有针对性地阅读。每逢书中他自认为重要和有参考价值的地方，都加以摘要，并做笔记。

3. 紧张的阅读和轻松的阅读有机结合

马克思主要从事的是政治经济、哲学、政治学等方面的研究，他在这方面投入了大量的精力，孜孜不倦，数十年如一日，因而阅读任务也相当繁重和紧张。由于马克思早年爱好文学，喜欢阅读文学作品，并曾做过当诗人的梦，每当他工作疲倦，在理性的书籍里徜徉过久而需要休息时，他便捧起一本诗集，或者是一部小说，走进另一个世界，并以此来舒缓自己疲劳而又绷紧的大脑，取得了很好的效果。

4. 明确并妥善认识书籍阅读和自身创造之间的关系

由于书籍对个人的帮助不一样，所以每个人也都作出了不同的理解和评价。如有些人把书视为自己的朋友，有的视为老师，有的视为精神食粮，有的视为智慧或快乐的来源，有的视为人类进步的阶梯。也有的人将其作为自己的装饰品，附庸风雅。但马克思不一样。虽然他早年也得到过书的启示，读过无数的书，可他却指着案桌上的书，对他的朋友说："它们是我的奴隶，必须按我的意志为我服务。"

这些话在有些人看来，或者会以为马克思有点狂傲，但在这里，至少可以说明3点：首先，马克思读书，既钻得进，又拔得出；其次，马克思把欧洲当时的所有经典著作大致上都读通了，他没有拜服其下，而是站在这些经典之上，又站在时代的高度以审视的眼光加以俯瞰，所以站得高，看得远；再次，马克思读书已经达到一个相当高的境界，否则是说不出这种话，难有这样的体会的。

当然，除了方法以外，马克思之所以能够成为一个时代的高峰，形成一个博大精深的思想体系，与他终身刻苦勤奋地学习以及勇于探索和创造的精神是密不可分的。他曾说："在科学的道路上，是没有平坦的大道可走的，只有在那崎岖小路上攀登的不畏劳苦的人们，才有希望到达光辉的顶峰。"

人物小传

　　卡尔·马克思（1818—1883），马克思主义的创始人，第一国际的组织者和领导者，全世界无产阶级和劳动人民的伟大导师。马克思诞生于德国莱茵省特利尔城，早期受到黑格尔哲学体系及圣西门、傅立叶、欧文等人的空想社会主义学说和空想共产主义者的思想的影响。1847年11月，马克思与恩格斯共同起草的纲领性文件《共产党宣言》出版。马克思在19世纪50年代和60年代最伟大的功绩是完成了马克思主义经济学理论体系。期间，他发表了《资本论》第一卷。第二、第三卷在他逝世后由恩格斯整理，分别在1885年和1894年出版。《资本论》这部不朽著作具有划时代意义，是政治经济学中的一次革命。马克思的一生是伟大的一生，他和恩格斯共同创立的马克思主义学说，是指引全世界劳动人民为实现社会主义和共产主义伟大理想而进行斗争的理论武器和行动指南。马克思的名字永垂史册，他的学说将永放光芒。

要系统地读原著——恩格斯谈阅读

　　恩格斯很重视学习方法，认为不同的人应该掌握不同的学习方法。对于那些不满足于掌握基本知识、基本原理而希望对某门科学作更深入研究的人来讲，恩格斯提出的学习方法是非常有启发意义的。

　　恩格斯的阅读方法之一是重视读原著，一般不轻易使用第二手、第三手材料。1884 年 8 月 6 日，德国社会民主党人格奥尔格·亨利希·福尔马尔给恩格斯写了一封信，说有一位女士对社会主义感兴趣并打算研究社会科学，但不知进哪一所高等学校才好。恩格斯复信道，这个问题很难回答，因为大学里每一门科学尤其是经济学被糟蹋得很厉害，关键是要自学，并掌握有效的自学方法。恩格斯在信中还说："从真正古典的书籍学起，而不是从那些最要不得的德国经济学简述读物或这些读物的作者的讲稿学起。""最主要的是，认真学习从重农学派到斯密和李嘉图及其学派的古典经济学，还有空想社会主义圣西门、傅立叶和欧文的著作，以及马克思著作，同时要不断地努力得出自己的见解。"也就是说，要系统地读原著，因为"研究原著本身，不会让一些简述读物和别的第二手资料引入迷途"。从其阅读过的书目来看，他虽然也读过大量的通俗小册子、报刊等，但花工夫最大，读得最多的还是那些经典原著。他认为，系统读原著是从事研究的一种正确的读书方法。这样，可以了解一个理论的产生、发展和完善的过程，不仅可以全面系统地掌握基本原理，而且可以掌握其发展过程，了解这一理论的全貌。

人物小传

　　弗里德里希·恩格斯（1820—1895），全世界被剥削被压迫群众的伟大导师，科学社会主义的创始人和国际共产主义运动的奠基者。他生于德国莱茵省巴门市的一个纺织厂主家庭。1847 年 1 月，恩格斯和马克思一起加入正义者同盟。同年 6 月，他和马克思共同起草的《共产党宣言》在伦敦出版。1883 年马克思逝世后，恩格斯独自肩负起指导国际工人运动、整理和出版（或再版）马克思遗著、捍卫和发展马克思主义理论、培养各国年轻的社会主义活动家和理论家的重任。此外，他还就宗教、妇女、文学、美学、史学等方面的问题发表了见解，不愧为一个百科全书式的思想家。1895 年 8 月 5 日，恩格斯因患癌症逝世，遵照他的遗嘱，他的骨灰被撒入伊斯特勃恩海滨的大海中。

要善于总结阅读经历——列夫·托尔斯泰谈阅读

列夫·托尔斯泰的《战争与和平》《安娜·卡列尼娜》《复活》等小说享誉全世界，而他高尚的人品和渊博的知识也得到后人的颂扬。同样，在阅读领域中，他也有自己富有个性的见解和与众不同的方法。

1. 善于总结和回顾自己的阅读经历，并加以归纳

与一切伟大的作家一样，列夫·托尔斯泰也很重视一个人的读书和学习问题。早在 1870 年，他就在自己的笔记中写道："一个想学习的人在浩瀚的书海中如何去找寻他所需要的书呢？"

为了使人们了解他对文学作品的阅读情况，1891 年，60 多岁的托尔斯泰曾给友人列德尔列的一封信中开了一份书单，题为《对我产生了印象的书籍》（以下列举俄国作家的作品）：

童年至 14 岁左右

《黑母鸡》——波戈列里斯基作，印象很深

俄罗斯壮士歌：《多布雷尼亚·尼吉奇契》印象极深

《伊利亚·姆罗米茨》印象极深

《阿略莎·波波维奇》民间故事印象极深

普希金的诗：《拿破仑》印象深

14 岁至 20 岁

普希金的《叶甫盖尼·奥涅金》印象很深

果戈理的《外套》《两个伊凡》《涅瓦大街》印象深

《死魂灵》印象很深

屠格涅夫的《猎人笔记》印象很深

德鲁日宁的《波琳尼卡·萨克斯》印象很深

格里戈罗维奇的《苦命人安东》印象很深

莱蒙托夫的《当代英雄》《塔曼》印象很深

20 岁至 35 岁

丘特切夫的诗印象深

柯尔曹夫的作品印象深

费特的诗印象深

35 岁至 50 岁

壮士歌印象很深

不过，托尔斯泰也向友人说明：这份书单仅供参考，不要出版，"因为它很不全面"。

尽管托尔斯泰认为自己所开的这份书单"很不全面"，但他在 60 多岁时尚能把过去各个年龄阶段所阅读的书籍分成"印象深""印象很深""印象极深"这样 3 个层次，说明他还是很善于总结和回顾自己的读书经历的。因此，善于总结和回顾自己的读书经历，并加以归类，可以视为托尔斯泰第一个值得引起重视的读书方法。

2. 阅读文学作品，一定要注意作者的性格

托尔斯泰在 1853 年的日记中写道："读书，尤其读纯文学的书——要把主要的注意力放在该作品中所表现的作者的性格上。"既关心文学作品中的人物性格，更关注"文学作品中所表现的作者的性格"，这可以视为托尔斯泰第二个值得引起重视的读书方法。

3. 朗读文学作品，并在诵读中感受或评判一篇文学作品的好坏

托尔斯泰在休息、闲暇或与友人聊天的时候，经常会动情地朗读他所喜欢的一些文学作品，并经常因朗读而感动地落泪。有时候，他在朗读之后还会加以评说。像托尔斯泰这样喜欢朗读别人的作品，然后再加以评说的情况，在其他著名作家的身上并不多见，这对于加深对一篇文学作品情愫和内涵的理解，有极大的好处，这可视为托尔斯泰第三个值得引起重视的读书方法。

除了以上 3 点以外，托尔斯泰还有一些阅读方法值得借鉴。例如，他在阅读书籍之余，经常喜欢与人谈论，交流思想和读书心得，他认为这一点很重要。他在 1853 年的日记中甚至写道："与人交谈一次，往往比多年闭门劳作更能启发心智。思想必定是在与人交往中产生的。"又如，他不迷信那些一等作家或最低作家之类的划分，在他看

来，"被划为第一等的作家也有非常坏的东西，而被划为最低一等的作家也有非常好的东西。因此，如果一个人相信了这种对作家划分等级的办法，相信了在一等作家那里一切皆好，在低等作家或不知名的作家那里一切都差，那么，在理解上他只会陷入歧途并且失去许多有教益的和有启发性的东西。"凡此都是一些很值得学习的阅读经验。

人物小传

列夫·托尔斯泰（1828—1910），19 世纪俄国最伟大的作家。出身于贵族家庭，1840 年入喀山大学，受到卢梭、孟德斯鸠等启蒙思想家影响。1863 年至 1869 年托尔斯泰创作了长篇历史小说《战争与和平》，这是其创作历程中的第一个里程碑。小说结构宏大，人物众多，典型形象鲜活饱满，是一部具有史诗和编年史特色的鸿篇巨制。1873 年至1877 年他经 12 次修改，完成其第二部里程碑式巨著《安娜·卡列尼娜》，小说艺术已达炉火纯青。19 世纪 70 年代末，托尔斯泰的世界观发生巨变，写成《忏悔录》。80 年代创作剧本《黑暗的势力》《教育的果实》，中篇小说《魔鬼》《伊凡·伊里奇之死》《克莱采奏鸣曲》《哈泽·穆拉特》，短篇小说《舞会之后》，特别是 1889 年至 1899 年创作的长篇小说《复活》，是他长期思想、艺术探索的总结，也是对俄国社会批判最全面深刻、有力的一部著作，成为世界文学不朽名著之一。托尔斯泰晚年力求过简朴的平民生活，1910 年 10 月从家中出走，11 月7 日病逝于一个小站，享年 82 岁。

从阅读中区分好与坏——高尔基谈阅读

他在《我怎样学习的?》一文中深情地写道:"差不多任何一本书都告诉我许多我所不知道的和未曾见过的人物、感情、思想和关系等,好像在我眼前打开一扇通向未知世界的窗子——当我意外地感觉到这一点的时候,是多么惊讶,我几乎无法非常明白、确切地说明。最初,我醉心于书籍在我面前展开的世界的新鲜和精神上的光辉意义,我以为书籍比人更美丽、更有趣、更可亲。书籍在我面前不断地展开了新的世界。"

当然,这还是他初步阅读书籍时的感觉,随着阅读的加深加多,他对书的感觉又不一样了。他写道:"我读得越多,书就使我和世界越接近,生活对我变得更加光辉、更加美丽。每一本书就像阶梯的一小级,每攀登一级,我就愈脱离动物走向人——走到更美好的生活的理想,到达对于这种生活的渴望。"

最后,他总结了书籍在他人生道路上的特殊意义:"书籍鼓舞了我的智慧和心灵,帮助我从泥沼里爬起来。如果没有书籍,那么,我恐怕一定会大量吞下愚蠢和庸俗,而沉溺在它们里面。书籍在我面前更加扩大了世界的范围,同时对我讲着:人生在追求更美好的事物中是多么伟大、多么光辉;他们怎样在土地上完成了许多事业;为了这些,他们怎样不能不忍受了难以置信的苦难。书籍在我心里培养起了自己对于生活中的一切坏事的责任感,唤起了我对于人类理智的创造力的宗教式的虔诚之念。"书籍对高尔基的帮助如此之大,而他对书籍的感情又是如此之深,那么,他究竟是怎么读书,通过怎样的方法才得到如此多的帮助的呢?这正是下面所要论述的。

高尔基的阅读方法,概括起来大约有3点:

1. 读书要虚心,要抱着向他人学习的态度来读书

有些人读书眼高手低,有些人则爱挑毛病,有些人则出于个人的

偏爱和嗜好追求某一流派和类别，因而失之偏颇，难有客观的公论。高尔基则不然，他对各种文学流派和思想学派都加以阅读和观察，并本着学习的态度吸取其中对自己有益的东西。他的读书态度既认真，又谦虚。

众所周知，列宁的学说与克鲁鲍特金的学说是格格不入的，托尔斯泰的文学创作风格与福楼拜的也不一样，《圣经》与马克思的主张也不一样，高尔基却认为都应该学习，甚至主张向宗教领袖和工人们学习，俗话说"虚心使人进步，骄傲使人落后"，"满招损，谦受益"，在这种谦虚态度的支配下来进行读书，怎么能不受益呢？

2. 坏书、好书都要读，从阅读中区分好与坏

高尔基由于早年生活困顿，四处流浪，总是拿到什么书就读什么书，包括人们认为不宜读的书。通过对好书、坏书和各种书籍的广泛阅读，他感到"正派的书固然好，坏的魔道书也好，念得越多越好，要把所有的书都念过，才能找到好书"。书是通过比较才能分出好坏的，而且通过好、坏各种书籍的阅读，才能分辨出生活中的好与坏。

3. 阅读要放到实践中去检验

由于高尔基长期生活于社会底层，深知生活本身的重要性，因而他一边重视读书，一边也重视生活，并主张对读过的书最好再回复到生活实践中去检验一下，看看哪些是正确和有用的，哪些是错误和无用的。这样无论对书本知识还是生活认识，都会大有益处。他说："读过书之后，我自己感觉到头脑充实了起来，就像满满地盈溢着生命之水的容器一样；于是，我就到值班卫兵或泥土工人们那里去，对他们讲各种各样的故事，在他们面前尝试着描写。"在高尔基看来，"没有知识是根本不能当作家的。"这里所说的知识包括书本中得来和生活中得来的两部分，缺一不可。而从书本得来的知识和启发再回到生活中去，就会得到更好的效果。

人物小传

　　高尔基（1868—1936），苏联无产阶级作家，社会主义现实主义文学的奠基人。他出身贫苦，幼年丧父，11岁即为生计在社会上奔波，当装卸工、面包房工人，贫民窟和码头成了他的"社会"大学的课堂。1901年他创作的著名的散文诗《海燕之歌》，是一篇无产阶级革命战斗的檄文与颂歌，受到列宁的热情称赞。1906年高尔基写成长篇小说《母亲》和剧本《敌人》两部最重要的作品，标志着其创作达到了新的高峰。之后完成自传体长篇小说三部曲《童年》《在人间》《我的大学》，以及写了大量的文艺理论、文学批评和政论文章，对马克思主义文艺理论和社会主义文化事业作出了重大贡献。高尔基的作品自1907年就开始被介绍到中国。他的优秀文学作品和论著成为全世界无产阶级的共同财富。

随手记下智慧的火花——列宁谈阅读

　　有一次，一位老布尔什维克见列宁捧着一本很厚的外文书在快速翻阅，便问他要把一首诗背下来需要读多少遍，列宁回答说：只要读两遍就可以了。

　　列宁之所以具有如此强的记忆力，是与他读书时的专心致志分不开的。他读起书来，对周围的一切就理会不到了。有一次，他的几个姐妹恶作剧，用6把椅子在他身后搭了一个不稳定的三角塔，只要列宁一动，塔就会倾倒。然而，正专心读书的列宁并未察觉，纹丝不动。直到半小时后，他读完了预先要读的一章书，才抬起头来，木塔轰然倒塌……这个故事说明，要想把书读透、记牢，必须高度集中注意力。古人早就说过："读书有三到：心到、眼到、口到。心不在此，则眼看不仔细。三到之中，心到最急。心既到矣，眼、口有不到者乎？"

　　列宁阅读高效除了专心致志外，另一个原因还在于他读书时很喜欢作批注。他经常在书页的空白处随手写下丰富多彩的评论、注释和心得体会，有时还在书的封面上标出最值得注意的观点或材料，一旦读到具有较高学术价值的著作，他还在书的扉页或封页上写下书目索引，特别注明书中的好见解、好素材，以及具有代表性的错误论断的所在页码。

　　列宁把作批注视为创造性劳动，非常认真，从不马虎草率。他一般使用铅笔作批注，很少用钢笔。他写批注的过程，可以说是与书的作者进行探讨甚至激烈争辩的过程。每当读到精辟处，他就批上"非常重要""机智灵活""妙不可言"等。读到谬误处，就批上"废话""莫名其妙"等，有的地方则干脆写上"哦，哦""嗯，是吗""啥啥""原来如此"。其读书入神之态，跃然纸上。值得一提的是，列宁的光辉著作《哲学笔记》就是由他在读哲学书籍时写的批注和笔记汇编而成的。这部著作，被公认为马列主义哲学的经典著作之一。

认真写批注，可以促使我们在读书时开动脑筋，认真钻研，把握书的要义，也可以督促我们在读书时记下某些感受或某个思想火花。将来重温此书，还可以进行比较，看看当初的认识是否正确。列宁的批注式读书法很值得我们学习。

列宁每写一篇文章或作一次报告，都要查阅大量的参考书籍和资料。据统计，他毕生查看过的书刊材料，共有22种文字，1.6万件图书以及定期出版物、文件、书信等，阅读量超过常人的几倍，甚至几十倍。列宁之所以能够做到这一点，除了以上说到的两个原因之外，和他独特的阅读方法自然有很大的联系。

1. 速读法

列宁养成了一种快速看书的习惯。看书时，视力沿着书页快速移动，好似纵向阅读。他不是一行行地看，而是一页页地看，并且很快掌握所读的一切东西。列宁一目十行，过目能熟记的快速学习方法，使旁人感到诧异。

2. 精读法

列宁对一些喜爱的书，反复学习，有时要读几遍、几十遍，甚至一百多遍！车尔尼雪夫斯基的《怎么办?》是列宁青年时代最喜欢读的一本书，这本书对他革命人生观的形成起了很大的启蒙作用。列宁一个夏天就把该书一连看了5遍。他对托尔斯泰的作品也是很喜爱的，侨居瑞士日内瓦时，曾把一本《安娜》残书反反复复地读了100余遍，直至把书中的内容和句子都能背诵出来。

3. 啃词典

十月革命后，在列宁办公桌旁的书架上，摆着各种各样的词典。百科词典在列宁的藏书中占有很大部分。他经常津津有味地翻阅这些词典。列宁在写作时从各种百科词典里汲取了他所需要的事实、材料和必要的数据。

4. 广开思路，兼听百家

1920年，列宁填写《俄共（布）莫斯科组织党员重新登记表》时，在"您读过哪些著作"一栏里，他写道："几乎全部读了马克思、恩格斯和普列汉诺夫的著作。"据不完全统计，列宁在文章、札记和报告中，引用了80多个国内外著名作家的名言警句，引用的作品达230多种。

人物小传

列宁（1870—1923），第一个社会主义国家的缔造者，原名弗拉基米尔·伊里奇·乌里扬诺夫，列宁是他的化名。出生在俄国伏尔加河畔的辛比尔斯克。1892年，他开始筹建马克思主义小组，并将《共产党宣言》译成俄文，还写下了第一本著作《农民生活中新的经济变动》。1903年7月30日，俄国社会民主工党在布鲁塞尔召开代表大会，会上形成了以列宁为核心的布尔什维克，布尔什维克的意思是多数派。布尔什维克及其思想体系的产生，标志着列宁主义的形成。1917年，在列宁的领导下，俄国人民终于取得了十月社会主义革命的胜利。这一伟大胜利开辟了人类历史发展的新纪元。列宁的全部著述达55卷，他是一位多产的著作家。

小纸条成了"百宝囊"——杰克·伦敦谈阅读

杰克·伦敦是美国著名的小说家，被称为"美国无产阶级文学之父"，但是，令人意想不到的是，这样一位大名鼎鼎的作家出身在破产农民的家庭里，只读过几年小学。

他15岁就离开家独自谋生，做过报童、工人、水手，到过世界许多地方，见过各种景物，听过许多故事。后来他就产生了一个念头：把自己的见闻感受写成小说。

为了写小说，他一边利用星期六或星期日去找一些零碎活儿干，一边见缝插针，勤学不辍，广泛地阅读了文学、历史、经济、哲学等各门学科的书籍，扩大思路，为写作奠下了基石。

他读书的劲头，真叫人吃惊。在床上读，在饭桌上读，回家的路上也读。有人曾这样描写他读书："当他遇到一本好书时，他并不用小巧的撬子偷偷地撬开它的锁，然后窃取其中的内容，而是像一个作势跳跃的饿狼，把牙齿没进书的咽喉，凶猛地摇摆，继而把它征服，然后舔尽它的血，吞掉它的肉，咬碎它的骨头，直到把那本书的所有纤维和筋肉，化成为他的一部分，用它的力量补养他，然后才罢休。"

凡是到过杰克·伦敦家中的人都觉得很奇怪：窗帘上、衣架上、柜橱上、镜子上、墙上……到处贴满了形形色色的小纸条，初到他的房间里的人还以为那是什么特殊的装饰品呢。

这些小纸条并不是空白的，上边写满了各种各样他搜集来的材料，有美妙的词汇，有生动的比喻，有五花八门的资料。杰克·伦敦从来不愿让时间白白地从他眼皮底下溜过去。睡觉前，他默念着贴在床头的小纸条；第二天早晨一觉醒来，他一边穿衣一边读着墙上的小纸条；刮脸时，看镜子上的小纸条；踱步休息时，他一边回忆小纸条上的内容，一边到处寻找启发创作灵感的词汇和资料。不仅在家里是这样，外出时也一样。外出的时候，杰克·伦敦把小纸条装在衣袋里，只要一有空就随时随地掏出来看一看，想一想，记一记。由于他这样锲而不舍地搜集、积累材料，一点一点地把材料装进了自己的脑子里，再加以灵活运用，因此，他写出了一部部杰出的著作。

其实，"聪明在于勤奋，作文在于积累"，杰克·伦敦的小纸条成了他的"百宝囊"，我们也可以用笔记本搜集材料，建个自己的"百宝囊"，写作时把材料从"百宝囊"里搬出来，何愁写不好作品呢？功夫不负苦心人，他的名著《荒野的呼唤》《海狼》《马丁·伊登》《铁蹄》等不断问世，受到世界各国读者的欢迎和赞誉。

人物小传

杰克·伦敦（1876—1916），原名约翰·格利菲斯·伦敦，生于美国旧金山，大约是个占星术家的私生子，在一个既无固定职业亦无固定住所的家庭中长大。1900年出版了第一本小说集《狼子》，立即誉满全国，那时他24岁。到1916年，他已出版了51部著作，是很高产的作家。他的作品在当时独树一帜，充满筋肉暴突的生活和阳刚之气，最受男性欢迎。有人说之前的美国小说大都是为姑娘们写的，而他的作品则属于全体读者。不但普通读者欢迎，就是大家闺秀们也喜欢放下窗帘关上大门偷偷去品味他那精力旺盛、气势逼人的作品。他的作品在现代美国文学和世界文学里都享有崇高的地位。

跟随你的兴趣——爱因斯坦谈阅读

阿尔伯特·爱因斯坦是20世纪最有影响的自然科学家和物理学家。他所提出的相对论理论曾震动了整个物理学界，为世人所瞩目。他的成功，肯定是与他刻苦学习和良好的学习方法密不可分的。尽管他本人未专门论说，但我们还是可以归纳出4点：

1. 根据自己的情况和目标追求而有所舍弃

爱因斯坦对自己曾有所描述，其中有一句说："我是一个执意的而又有自知之明的年轻人。"

他根据自身的特点、志向和兴趣，不求面面俱到、全面发展，而是毅然地舍弃和"刷掉了"学校里的许多课程，把精力和热忱集中在对物理的学习上。结果不出所料，他在物理学方面取得了巨大的成就。事实证明：爱因斯坦的这一大胆舍弃和合理调整以及所作的选择，完全是符合自己的实际情况的。

2. 勤奋刻苦的自学精神和习惯

爱因斯坦后来的成功，与他从小就有的刻苦自学的习惯是分不开的。11岁时，他就读完了一套通俗科学读物，并对科学产生了兴趣。12岁时，他又自学了欧几里得几何。这两件事，对他以后的发展道路产生了极大的影响。

除此之外，他还阅读其他人的著作，并对哲学产生兴趣，13岁就开始读康德的书。后来，他在《自述片段》中曾说："我的那一点零散的有关知识主要是靠自学得来的。"

3. 提倡深入理解，反对死记硬背

爱因斯坦出生于德国西南部古城乌耳姆的一个犹太家庭中。当时的德国学校，教育纪律十分严格，盛行的又是一些死记硬背的读书方法。爱因斯坦对此十分厌恶，他喜欢"自由行动和自我负责的教育"，学习中喜欢采用深入理解的方法。

4. 读书学习之外，常与同学讨论

早在爱因斯坦上中学的时候，他就与两个朋友经常在晚上一起学习和讨论各家哲学著作，谈论哲学和科学的各种问题。即使到了大学读书，他仍有这个习惯，在苏黎世工业大学读书时，他与马尔塞耳·格罗斯曼建立了深厚的友谊，这种友谊与他们共同的学习兴趣是分不开的。

后来，他的这位同学成为著名的大学数学教授和数学家，最后又帮他建立了广义相对论。因为广义相对论中不仅有物理学的论断和解释，还涉及一些数学问题，这方面他解决不了，便请格罗斯曼来帮忙。由此可见，学习中的讨论交流不失为一种很好的学习方法，往往对双方都有好处。

他在回忆自己要考大学的那段生活时曾说自己"热衷于深入理解，但很少去背诵"。以后，即使到了大学读书，他仍坚持深入理解的学习方法，而决不去搞那些不必要的死记硬背。

人物小传

爱因斯坦（1879—1955），当代最伟大的物理学家。他热爱物理学，把毕生献给了物理学的理论研究，一生中最重要的贡献是相对论。爱因斯坦不仅是一个伟大的科学家，一个富有哲学探索精神的思想家，同时又是一个有高度社会责任感的人。他先后生活在西方政治旋涡中心的德国和美国，经历过两次世界大战。他深刻体会到一个科学工作者的劳动成果对社会会产生怎样的影响，一个知识分子要对社会负怎样的责任。在 20 世纪思想家的画廊中，爱因斯坦就是公正、善良、真理的化身，他的品格与科学贡献为人类景仰。

阅读学习应有所区别——莫洛亚谈阅读

莫洛亚是一位非常博学的作家和学者。在读书方面，他曾积累了不少经验和方法，并曾专门写文章谈论过。

莫洛亚认为，学生的阅读学习和一般成年人的阅读学习是有区别的，所以他在文章中谈到了两者各自不同的学习方法。为此，我们先一起考察一下他在学生读书方法上所提出的要求。

莫洛亚对学生的阅读学习的方法和要求，集中体现在《生活的艺术》一书《学生的学习》一文中。他一共提出了以下5点：

第一，学而无规，无以成学。

在莫洛亚看来，"学生的首要任务是学会学习。思想的形成，首先是意志的形成。"为了让学生学会学习，他认为应该给学生建立一定的学规，否则便"无以成学"。要让学生建立学规，最好的办法就是让他在学校里，甚至是在寄宿制的学校里学习，这样"尽管生活常常相当艰苦，但是，它造就人，在那里，学生们能够学会在社会里谋生。而在家中，他们只是坐享其成"，不利于学规的建立，只有学校才是建立学生学规、使学生养成读书和学习习惯的最好的场所和环境。

第二，教育绝不是消遣。

莫洛亚认为："教育的目的是基于一定的意愿，确立一个基础的知识范畴，并引导学生达到当代人的知识水准。然后，再通过实践，让学生用在生活中领略到的经验和新的发现来填补这个知识范畴内的空缺。"他认定这是一个教育的"自然程序"。因此，他不赞成对学生进行娱乐教育，"那些图片教学、广播教学和电影教学本身并无效力，只有在学生自己产生积极性并经过努力的条件下，这种方法方可采用。"他觉得如果只让学生听或看，而不进行实际练习，是徒劳无获，不会有什么用处和意义的，"不费力学到的东西，忘得必然快。"

第三，强迫学生参加测验和考试是十分有益的。

随着教育的发展和学生在学习上竞争的加剧，不少家长和改革者都主张减少学生的测验和考试，以减轻学生过重的学习负担。而莫洛亚不同意，认为"强迫学生参加测验和考试是十分有益的"。他说："家长和教育改革者不时地提出取消中学生毕业会考。他们错了。没有竞争，没有惩处，就永远不会有严肃的学习气氛。"为此，他主张让学生们去参加各种必要的测验和考试，甚至是强迫。

第四，教育中最重要的是基础教育。

针对有些家长不重视学生初级阶段读书学习的情况，莫洛亚提出"基础教育是最重要的教育"的观点。他明确地指出："一切都决定于孩提时代良好的教育方法。读、写、算样样精通本来就很不容易。大部分人不具备这些基础知识。"为此，他强调对学生必须要从小加强基础教育，读好这些基础课，对他们将来有利。

第五，教学与其多而杂，不如少而精。

依照莫洛亚的观点，"教育的目的不是培养技术员，而是造就人才。"所以，他认为学校里只要设立几门学科就行了，不要搞得很复杂，有些可让学生课外自己去学，"教学与其多而杂，不如少而精。"除了必要的语言、哲学等课程以外，他主张学校教育中让学生"读历史和学习科学，重要的不是让学生了解最新的发现和最现代的理论，而是让他们懂得什么是历史的方法和科学的方法"。莫洛亚的这些观点是否完全正确，似乎仍值得商榷。但他主张最重要的是教会学生懂得和掌握历史的方法和科学的方法，这还是相当有见地的。

以上是莫洛亚对学生读书学习所提出的一些要求和看法。下面让我们再来看看他给一般读书求学者总结的方法和经验。在他看来，"读书，同所有的其他工作一样，也有其规律可循。"他的读书经验和方法大约有以下4点：

第一，应该能具体熟知一部分作家及其作品。

世界上由古及今的书籍已经很多，而人的生命有限，再加上工作诸项，不可能把世界上所有的书都通读或熟知。但莫洛亚主张可具体熟知一部分作家及其作品。他在《生活的艺术》一书中《读书的艺术》

一文里说："最好是具体熟知一部分作家及作品。而对大部分作家，只作一般性了解。初读一部作品，常常领略不到其精华所在。年轻时，泛舟书海，如同步入尘世一样，应去寻朋觅友。当发现知音，选择确定之后，就要携手并进。"

他这里所说的意思，实际上也就是我们通常所说的重点阅读与一般泛读的关系。只是他把阅读的年龄因素结合了起来，并把寻书视同寻友，这样就显得更为生动有趣，也更易被别人所接受和理解。

第二，要相信前人的选择，认识人类的伟大作品。

莫洛亚针对许多读者对人类的伟大作品缺乏足够认识的情况，提出"阅读时，在众多的作品当中，要给伟大的作品一席显赫之地"。当然，他也并不偏废对当代作家的认识，觉得应该对当代作家感兴趣，这也是必要的。不过，他还是慎重提醒：不要把自己淹没在一般性书籍的海洋中。名著之多，我们已无暇一一问津。要相信前人的选择。一个人兴许看错，一代人也兴许看错，而整个人类不会看错。

所以，他还是奉劝人们应该重视已被人类反复证明了的伟大作品，如《荷马史诗》、莎士比亚的作品等，阅读并深刻认识这些作品对我们肯定会有帮助。

第三，读书要聚精会神，富于思考。

莫洛亚读过大量的书籍，但他一直注意选择，勤于思考，对于有些人仅"埋头于干巴巴的铅字之间，却从不冷静地想一想，动动脑筋"，他是不赞成的。认为他们只是一味读下去，不注意思考其中的内容和主题，便"看不出字里行间的现实世界和思想实质……对丰富的信息资料，也分不出其价值的高低"。为此，他极力主张读书要专心致志，开动脑筋。他说："读书要尽量聚精会神，沉思冥想。如同亲临一场美妙的音乐会、一次神圣的礼拜。凡是一目十行、断断续续、心不在焉者都不能算是读书。"

第四，每读一本书，总在扉页上记一些概括性的话。

莫洛亚承认，读书有"娱乐性的阅读"与"工作性的阅读"之分，而他则有大量工作性的阅读。对于这种阅读，他主张在"每本书读过之后，当再想回味一下思想主题的时候，也没必要把整本书重读一遍"。如果有支钢笔或铅笔，只要在书的扉页上记下思想主题就可以了。他以自己的经验为例："我读一本历史书或者其他类似严肃的书籍时，总要在扉页上记上一些概括思想主题的词句，并在每个词的后面标好页码。这样，在需要时，我不必重读全书，而可以直接找到要找的地方。"

应该说，莫洛亚的这一读书方法，虽然不像中国古代评点批书那样复杂，有眉批、夹批、旁批等，仅是扉页概括，但也别具一格，十分实用。

综合莫洛亚的阅读方法，包括对学生的读书学习的要求，他对学生的读书见解似乎比较传统，未必能够迎合当代学生的阅读口味；但他对一般读者所提供的读书经验，又有着极大的参考价值和实用价值，特别是第一、第二、第四点，都可说是他个人读书经验的结晶。这位显赫一时而又博学的传记文学大师和法兰西学院院士的读书经验，无疑是值得我们参考和借鉴的。

人物小传

莫洛亚（1885—1967），法国 20 世纪著名的传记大师，曾写过《巴尔扎克传》《拜伦传》《雪莱传》《伏尔泰传》《雨果传》《肖邦传》等许多名人传记。同时，他还写过许多长篇小说，以及《英国史》《美国史》《法国史》等不少历史著作。

系统而有计划地读书——卡耐基谈阅读

卡耐基不仅对人生、处世、讲演、经商、家庭、生命等方面都发表过极有启示性的演说，而且对阅读方面也有着与众不同的经验和见解，并提出了自己的方法。

卡耐基所提倡和建议的阅读方法，主要有3点：

1. 利用有限的时间，多读有价值的书

卡耐基不愧是一位智慧型的思想家，即使在读书方法方面，也是妙语惊人，与一般的哲匠文豪的见解大相径庭，如他提出的用有限时间多读有价值的书，便是很有新意的建议。他说："将人生的前30年时间利用于读有价值的书，是致富的最佳方法之一。储蓄的钱财有失落的可能，积蓄的知识却永远留存，且以法外利率增加起来。"在学者教授的眼里，如将人生前30年时间用于读书，也只是为了积累知识，为专业服务。而卡耐基把它与致富结合了起来，认为这不仅是积累知识，也是积累财富；不仅是为专业服务，也是为未来的生活服务。如此一来，读书的意义顿时拓宽。而把人生的前30年用于读有价值的书，从某种意义上来说，本身也是一种读书方法，而且可以说是一种最划算的读书方法。可惜的是，许多人都难以意识到这一点。不过，除去年幼无知的童年和少年，哪怕从青年时代起，有个20年时间读最有价值的书，对于我们有限的一生也够受用无穷了。

2. 一个人必须不断学习、读书，通过读书来补充新知识

许多人在青少年时代注意学习、读书，或在校时读书很努力，但找到工作，或是组建家庭以后，便不再求学，也不注意读书了，只是用学校学过的有限知识来支配工作。卡耐基认为这样下去，迟早会被社会淘汰。他以多产作家辛克莱为例。说辛克莱现已60多岁，献身文坛40多年，出版了数百部著作，但他还是保持读书的习惯，每天总得

抽出一定时间去阅读其他人的许多著作。辛克莱曾说："我不论阅读哪一种书籍，都觉得对我非常有益，对于我的写作，多少可以得到一些帮助！"通过这个例子，卡耐基加以总结道："这又使我们多了一层证明：工作时必须继续读书，否则，我们将被淘汰，甚至不能工作！"也就是说，一个人即使工作了，仍应不断读书，吸收新知识，学习新东西，以此来补充自己，跟上时代的步伐，否则将会被社会所淘汰。这样的事例和人物在我们的周围已经有很多，值得引起我们的重视，而卡耐基的话正好再次提醒了我们。

3. 要系统而有计划地阅读

卡耐基从前人的读书经验和自己的切身经历中总结出，一个人最好不要盲目地乱读书，而应有系统、有计划地读书。他举美国发明家爱迪生为例：爱迪生初到图书馆看书，就把书架上最先看到的书取下来开始读，读完一本，再取第二本读。有一天，图书管理员问他："你念了多少书？"他回答："15英尺。"原来他就是从书架的这头看到那头。图书管理员见他看书没计划，也没受过指导，就教他如何制订读书计划，给他不少帮助。从此，爱迪生便有计划、有系统地读书，最终成为当时知识最丰富的科学家之一。

通过这个例子，卡耐基提出了系统而有计划地读书的重要性，并用陆华斯·乔特的话来启发大家：散漫地读书是人生的浪漫，最要紧的是有组织地读。

总之，卡耐基非常重视阅读。他不仅在读书方面引用了大量的事例，总结了不少有益的阅读经验和方法，而且认为阅读对于一个人的一生有着难以预测的巨大影响。对于艾森豪威尔读了有关军事家哈尼巴尔故事的书籍后受到启发，最终也成为一名军事家这一事例，卡耐基十分感慨地总结道："读书就是这样以未曾预期得到的方法，使许多的人建立了人生的目标。"阅读对于人们的作用如此之大，希望人们能够重视阅读，并从中受益。

人物小传

戴尔·卡耐基（1888—1955），美国著名的心理学家和人际关系学家。卡耐基开创的"人际关系训练班"遍布世界各地。他以超人的智慧、严谨的思维，在道德、精神和行为准则上指导万千读者，使人们从中汲取力量，从而改变自己的生活，开创崭新的人生。早期著作《人性的光辉》《语言的突破》《美好的人生》《人性的优点》曾被译成28种文字，其中《人性的弱点》一书，是继《圣经》之后世界出版史上第二畅销书。《时代周刊》甚至这样写道："或许，除了自由女神以外，戴尔·卡耐基就是美国的象征。"毋庸置疑，他对这一切都是受之无愧的。